Guido Fuchs

Unsere Advents- und Weihnachtslieder

Geschichte und Geschichten

HERDER

FREIBURG · BASEL · WIEN

MIX
Papier aus verantwortungsvollen Quellen
FSC® C083411

www.herder.de

Umschlaggestaltung: excogito, Freiburg im Breisgau
Umschlagfoto: © Asier Villafranca - Veer
Satz: post scriptum, Emmendingen/Hüfingen
Herstellung: CPI books GmbH, Leck

Printed in Germany

ISBN 978-3-451-34292-9

Inhalt

Vorwort

Zu keiner anderen Zeit im Jahr spielt die Musik auch im öffentlichen Leben eine derart große Rolle wie in den Wochen vor Weihnachten. Auf den Weihnachtsmärkten, in den Geschäften, aus dem Radio und Fernseher klingt uns »weihnachtliche Musik« entgegen - oft bis zum Überdruss. Ohne Unterschied werden ab November adventliche und weihnachtliche Lieder gespielt und gesungen, »Macht hoch die Tür«, »Es ist ein Ros entsprungen« und, und, und ... Nicht nur religiöse Lieder selbstverständlich, sondern auch Songs aus der Pop- und Rockmusik, vom unvermeidlichen »Last Christmas« (was mit Weihnachten eigentlich nichts zu tun hat) bis zu »Jingle Bells«, dessen Schlittenglöckchengeläut gleichsam zum Einheits-Jingle der ganzen »Vorweihnachtszeit« geworden ist.

Dabei sind diese Wochen nicht nur von ihrem Wesen, sondern auch von der Entstehung her sehr differenziert. Das Weihnachtsfest, im 4. Jahrhundert entstanden, ist viel älter als die ihm vorgelagerte Adventszeit, die sich zudem erst allmählich zu der bei uns heute üblichen Form entwickelte. Und auch diese Adventszeit ist nicht alle Jahre wieder dieselbe - sie kann unterschiedlich lange dauern, je nach dem Wochentag, auf den das Weihnachtsfest fällt. Sie ist auch kein mehrwöchiges »Warten auf das Christkind« - der Gedanke der Wiederkunft Christi spielt in ihr eine große Rolle. Denn das bedeutet ja »Advent«: Ankommen, Ankunft Jesu Christi - damals in Betlehem, dereinst zur Vollendung der Welt, heute in uns. Verschiedene Heilige spielen in ihr eine Rolle, sie haben sich sogar über die kirchliche Feier hinaus fast verselbstständigt, was es ebenfalls so zu keiner anderen Zeit im Jahr gibt.

Nachdem ich vor einigen Jahren in dem Buch »Unsere Weihnachtslieder und ihre Geschichte« (2009) die Entwicklung und

Geschichte des Weihnachtsfestes und seiner Feier dargestellt habe, soll dieses Buch auch von Adventsliedern handeln. Sie haben in der Geschichte der Frömmigkeit eine ganz eigene Bedeutung, spiegeln auch die verschiedenen, oft gar nicht mehr bewussten Aspekte des Advents wider. Daneben soll es aber auch um einige weitere Weihnachtslieder gehen. Das neue katholische Gesangbuch Gotteslob von 2013 (GL) wird dabei ebenso berücksichtigt wie das Evangelische Gesangbuch von 1993 (EG). Dazu kommen einige Lieder, die sich in Liederbüchern finden. Es handelt sich nicht um Erklärungen der Texte und Melodien, vielmehr soll es um den geistlichen Hintergrund dieser Lieder gehen.

Lieder sind mehr als eine musikalische Untermalung des Gottesdienstes, als die sie leider immer noch häufig behandelt werden. Sie sind gesungene Glaubensverkündigung, klingendes Evangelium – im Idealfall –, aber auch Spiegel unserer Feste und Zeiten. Möge das Buch in diesem Zusammenhang helfen, die adventlichen und weihnachtlichen Tage vertiefter feiern zu können.

Guido Fuchs

1.

Macht hoch die Tür

GL 218, EG 1

1. Macht hoch die Tür, die Tor macht weit,
es kommt der Herr der Herrlichkeit,
ein König aller Königreich,
ein Heiland aller Welt zugleich,
der Heil und Leben mit sich bringt;
derhalben jauchzt, mit Freuden singt.
Gelobet sei mein Gott,
mein Schöpfer reich an Rat.

2. Er ist gerecht, ein Helfer wert.
Sanftmütigkeit ist sein Gefährt,
sein Königskron ist Heiligkeit,
sein Zepter ist Barmherzigkeit;
all unsre Not zum End er bringt;
derhalben jauchzt, mit Freuden singt.
Gelobet sei mein Gott,
mein Heiland groß von Tat.

3. O wohl dem Land, o wohl der Stadt,
so diesen König bei sich hat.
Wohl allen Herzen insgemein,
da dieser König ziehet ein.
Er ist die rechte Freudensonn,
bringt mit sich lauter Freud und Wonn.
Gelobet sei mein Gott,
mein Tröster früh und spat.

4. Macht hoch die Tür, die Tor macht weit,
eur Herz zum Tempel zubereit'.
Die Zweiglein der Gottseligkeit
steckt auf mit Andacht, Lust und Freud;
so kommt der König auch zu euch,
ja Heil und Leben mit zugleich.
Gelobet sei mein Gott,
voll Rat, voll Tat, voll Gnad.

5. Komm, o mein Heiland Jesu Christ,
meins Herzens Tür dir offen ist.
Ach zieh mit deiner Gnade ein,
dein Freundlichkeit auch uns erschein.
Dein Heilger Geist uns führ und leit
den Weg zur ewgen Seligkeit.
Dem Namen dein, o Herr,
sei ewig Preis und Ehr.

Georg Weißel, [1623] 1642

Herzlich willkommen!

Macht hoch die Tür

In diesen Wochen schmücken wieder viele Menschen die Eingangstür ihrer Wohnung oder den Eingangsbereich ihres Hauses adventlich-weihnachtlich: Tannenzweige, kleine Adventskränze, allerlei weihnachtliches Dekor. Das Entree ist eben mehr als »das Loch, das der Zimmermann gelassen hat«, wie man manchmal scherzhaft sagt. Mit dem Schmuck der Türe wird auch die Bereitschaft zum Empfang und die Gastlichkeit ausgedrückt: ein zeichenhaftes »Herzlich willkommen!« Wer ein Haus betritt, empfängt hier die ersten Eindrücke – der Eingangsbereich ist damit auch so etwas wie eine Visitenkarte des Wohnungs- oder Hauseigentümers.

Nicht viel anders ist es in der Kirche. Auch ihr Eingangsbereich gibt den Menschen, die sie betreten, einen ersten Eindruck vom Raum und von der Gemeinde, die in ihm feiert. Oft befindet sich hier auch ein Schriftenstand mit seinen diversen Angeboten und Informationen über das, was in der Gemeinde geschieht. Im Eingangsbereich der Kirche, im Portal, finden auch gottesdienstliche Vollzüge statt: Hier kommt der Priester dem Täufling, den Eltern und Paten bei der Taufe entgegen. Die Brautleute werden hier empfangen und erhalten einen ersten Segen. Und auch der Bischof soll bei einem Pastoralbesuch vom Klerus und der Gemeinde am Portal empfangen und begrüßt werden. Als Ort, an dem man ankommt, an dem die Gemeinde den Ankommenden aber auch entgegenkommt, ist der Eingangsbereich also von hoher Symbolik.

Ein solches Portal stellt im übertragenen Sinn auch der erste Adventssonntag dar – nicht nur für die Advents- und Weihnachtszeit, sondern für das ganze Kirchenjahr, denn an ihm beginnt es ja. Und zu diesem Beginn gehört auch ein Lied, das seit seiner Entstehung mit dem ersten Adventssonntag verbunden ist: »Macht hoch die Tür, die Tor macht weit.« Im Gotteslob eröffnet es die Reihe der Adventslieder, im Evangelischen Gesangbuch ebenfalls, hier ist es sogar das erste Lied überhaupt. Ein passender Liedtitel zum ersten Advent gleich in mehrfacher Hinsicht, so hat es den Eindruck, doch die Türöffner-Thematik hat einen Hintergrund, der auf den ersten Blick gar nicht adventlich erscheint.

Das Lied des Königsberger lutherischen Pfarrers Georg Weißel aus dem Jahr 1623 – wohl aus Anlass der Einweihung einer neuen Kirche geschrieben – greift nämlich das Evangelium des ersten Adventssonntages auf, das in den lutherischen Kirchen bis heute gelesen wird und bis 1570 auch in der katholischen Kirche verkündet wurde: der Einzug Jesu in Jerusalem, wie er im Matthäusevangelium beschrieben wird (Mt 21,1–11). Dieses Ereignis bringen wir vor allem mit dem Palmsonntag in Verbindung – doch der Palmsonntag trägt ja auch adventliche Züge, geht es an ihm doch um den Empfang des einziehenden Herrn. Und so klingt dieses Adventslied auch ein wenig nach Palmsonntag. Das »Gelobet sei mein Gott« am Ende der vier ersten Strophen greift den Ruf der Menge damals auf: »Gelobet sei, der da kommt in dem Namen des Herrn« (Lutherübersetzung 1545). »Sanftmütigkeit ist sein Gefährt« umschreibt das Zitat aus dem Propheten Sacharja: »Saget der Tochter Zion: Siehe, dein König kommt zu dir sanftmütig und reitet auf einem Esel.« Und die »Zweiglein der Gottseligkeit« waren ursprünglich nicht die Tannenzweige, die bei uns zum Advent gehören, sondern die Palmzweige, die die Menschen in den Händen halten sollen wie damals in Jerusalem. Sie sind Ausdruck für unsere innere Haltung, Einstellung und Vorbereitung auf das Kommen Gottes zu uns.

Hebt euch, ihr Tore

Neben dem Evangelium des Einzugs Jesu in Jerusalem ist es vor allem der Psalm 24, der in diesem Lied eine Rolle spielt. In diesem Psalm geht es um den Einzug Gottes in den Tempel, was durch einen kleinen Dialog auch ausgedrückt wird. Da wird von außen gerufen: »Ihr Tore, hebt euch nach oben, hebt euch, ihr uralten Pforten; denn es kommt der König der Herrlichkeit.« – Und von innen ertönt die Frage: »Wer ist der König der Herrlichkeit?«, auf die geantwortet wird: »Der Herr, stark und gewaltig, der Herr, mächtig im Kampf.« Die Ursprünge des Psalm 24 sind wohl verbunden mit einer Feier des Einzugs der Bundeslade in den Tempel von Jerusalem, wie es das Bild auf Seite 10 zeigt. Der Psalm gehört zu den alttestamentlichen Gesängen, die auch in der Liturgie der Kirche immer wieder gesungen werden. Gibt es doch hier im Laufe des Kirchenjahres mehrere Male diese Schwellensituationen, in denen es um das Kommen Gottes geht, auch um sein Kommen zu uns, zu jedem persönlich. Im Advent natürlich – aber auch am Fest der Darstellung des Herrn, früher Mariä Lichtmess genannt, wenn wir hören, wie die Eltern Jesu den 40 Tage alten Säugling erstmals zum Tempel tragen. Und an Ostern selbstverständlich, wenn Christus in seiner Auferstehung die Pforten des Todes überwindet und öffnet.

Doch der Herr, »stark und gewaltig«, wie es im Psalm heißt, ist im Lied von Georg Weißel ein freundlicher König, einer, der Heil und Leben mit sich führt, der das Wohl von Land und

Stadt im Sinn hat, der Freude und Wonne verbreitet durch seine Barmherzigkeit, der ein Heiland der Niedergedrückten und Leidenden ist, ein Tröster in ihrer Not. Wie wollte man sich auf solch einen König nicht freuen, wie sollte man ihn nicht gern empfangen? »Macht hoch die Tür«, kann Weißel uns alle nur auffordern, macht hoch die Türen eures Herzens, bereitet euch auf den Empfang vor, schmückt euch selbst, eure Herzen und Seelen, nicht nur eure Türen und Häuser.

Das Kommen Gottes zu uns

Apropos schmücken: Noch einmal zurück zu den Türen und Portalen unserer Häuser und Kirchen. Zu Beginn des 5. Jahrhunderts hielt Bischof Proklos von Konstantinopel eine Predigt zur Feier des Palmsonntags mit uns sehr adventlich anmutenden Worten (zu seiner Zeit gab es den Advent freilich noch gar nicht). Er sagt darin:

»Wenn die Weltbürger den Einzug eines zeitlichen Königs erwarten, ebnen sie den Weg, bekränzen sie die Vorhöfe, verändern sie das Aussehen der Stadt, reinigen sie die königlichen Paläste überall, stellen sie Chöre mit Lobgesängen an den einzelnen Plätzen zusammen. Denn dadurch wird der Einzug des zeitlichen Königs in eine Stadt bekannt gemacht. Ähnliches wie dieses wollen auch wir besorgen, oder vielmehr das Bedeutendere und Köstlichere. An der Tür steht der sanftmütige und milde König. Der droben auf den Cherubim einherfährt, sitzt hienieden auf dem Füllen einer Eselin.

Bereiten wir die Häuser unserer Seelen. Zerstören wir das Spinngewebe jeglichen Hasses. Nicht soll man in uns den Schmutz der Verleumdung vorfinden. Reichlich wollen wir aussprengen das Wasser der Liebe. Die Vorhöfe unserer Lippen wollen wir bekränzen mit den Blüten der Frömmigkeit. Wir wollen die Palmzweige ergreifen, zur Begegnung mit unserem Herrn hinausgehen. So beeilt euren Lauf, ruft mit allen zusammen dem, der den Lazarus auferweckt hat, zu: ›Gepriesen sei, der da kommt im Namen des Herrn!‹«

Sich selbst als Tempel bereiten

Auch Georg Weißel versteht den Einzug Jesu in Jerusalem als ein Bild für das Kommen Jesu zu uns: »So kommt der König auch zu euch, ja Heil und Leben mit zugleich.« Aber eben nicht nur zu uns insgesamt, sondern ganz und gar persönlich – so wie Jesus zu dem kleinen Steuereintreiber Zachäus kommt, dem er sagt, dass er bei ihm einkehren müsse (Lk 19,6). Es gehört Mut und Demut dazu, Gott bei sich einzulassen; wie der heidnische Hauptmann möchte man zu Jesus sagen: Herr, ich bin nicht würdig, dass du einkehrst unter mein Dach ...« Die Adventszeit will uns dabei helfen, das eigene Herz als Tempel zu bereiten. Und wo man es nicht vermag, da kann man Jesus um seine Hilfe dazu bitten, wie es in einem anderen alten Adventslied heißt: »Ach mache du mich Armen zu dieser heilgen Zeit aus Güte und Erbarmen, Herr Jesu, selbst bereit. Zieh in mein Herz hinein ...« (Mit Ernst, o Menschenkinder).

Zieh in mein Herz hinein: Darum geht es, nicht nur im Advent, nicht nur in der Weihnachtszeit. Dass wir Gott immer mehr erfassen, Jesus Christus ähnlicher werden, ist der Maßstab des ganzen christlichen Jahres, die Aufgabe des ganzen christlichen Lebens. Und darum steht dieser Gedanke zu Recht an seinem Beginn – wie ein Programm: »Komm, o mein Heiland Jesu Christ, meins Herzens Tür dir offen ist. Ach zieh mit deiner Gnade ein, dein Freundlichkeit auch uns erschein.«

2.

Wachet auf, ruft uns die Stimme

GL 554, EG 147

1. »Wachet auf«, ruft uns die Stimme
der Wächter sehr hoch auf der Zinne,
»wach auf, du Stadt Jerusalem.«
Mitternacht heißt diese Stunde;
sie rufen uns mit hellem Munde:
»Wo seid ihr klugen Jungfrauen?
Wohlauf, der Bräutgam kommt,
steht auf, die Lampen nehmt. Halleluja.
Macht euch bereit zu der Hochzeit,
ihr müsset ihm entgegengehn.«

2. Zion hört die Wächter singen,
das Herz tut ihr vor Freude springen,
sie wachet und steht eilend auf.
Ihr Freund kommt vom Himmel prächtig,
von Gnaden stark, von Wahrheit mächtig;
ihr Licht wird hell, ihr Stern geht auf.
»Nun komm, du werte Kron,
Herr Jesu, Gottes Sohn. Hosianna.
Wir folgen all zum Freudensaal
und halten mit das Abendmahl.«

3. Gloria sei dir gesungen
mit Menschen- und mit Engelzungen,
mit Harfen und mit Zimbeln schön.
Von zwölf Perlen sind die Tore
an deiner Stadt; wir stehn im Chore
der Engel hoch um deinen Thron.
Kein Aug hat je gespürt,
kein Ohr hat mehr gehört solche Freude.
Des jauchzen wir und singen dir
das Halleluja für und für.

Philipp Nicolai, 1599

Wie schön leuchtet der Morgenstern

GL 357, EG 70

1. Wie schön leuchtet der Morgenstern,
voll Gnad und Wahrheit von dem Herrn
uns herrlich aufgegangen.
Du Sohn Davids aus Jakobs Stamm,
mein König und mein Bräutigam,
du hältst mein Herz gefangen.
Lieblich, freundlich, schön und prächtig,
groß und mächtig, reich an Gaben,
hoch und wunderbar erhaben.

2. Du meine Perl, du werte Kron,
wahr' Gottes und Marien Sohn,
ein König hochgeboren!
Mein Kleinod du, mein Preis und Ruhm,
dein ewig Evangelium,
das hab ich mir erkoren.
Herr, dich such ich.
Hosianna. Himmlisch Manna, das wir essen,
deiner kann ich nicht vergessen.

3. Gieß sehr tief in mein Herz hinein,
du leuchtend Kleinod, edler Stein,
die Flamme deiner Liebe
und gib, dass ich an deinem Leib,
dem auserwählten Weinstock, bleib
ein Zweig in frischem Triebe.
Nach dir steht mir
mein Gemüte,
ewge Güte, bis es findet
dich, des Liebe mich entzündet.

4. Von Gott kommt mir ein Freudenschein,
wenn du mich mit den Augen dein
gar freundlich tust anblicken.
Herr Jesu, du mein trautes Gut,
dein Wort, dein Geist, dein Leib und Blut
mich innerlich erquicken.
Nimm mich freundlich
in dein Arme und erbarme dich in Gnaden.
Auf dein Wort komm ich geladen.

5. Herr Gott Vater, mein starker Held,
du hast mich ewig vor der Welt
in deinem Sohn geliebet.
Er hat mich ganz sich angetraut,
er ist nun mein, ich seine Braut;
drum mich auch nichts betrübet.
Eja, eja,
himmlisch Leben wird er geben mir dort oben.
Ewig soll mein Herz ihn loben.

6. Stimmt die Saiten der Kitara
und lasst die süße Musica
ganz freudenreich erschallen,
dass ich möge mit Jesus Christ,
der meines Herzens Bräutgam ist,
in steter Liebe wallen.
Singet, springet,
jubilieret, triumphieret, dankt dem Herren.
Groß ist der König der Ehren.

7. Wie bin ich doch so herzlich froh,
dass mein nun ist das A und O,
der Anfang und das Ende.
Er wird mich doch zu seinem Preis
aufnehmen in das Paradeis;
des schlag ich in die Hände.
Amen, Amen,
komm, du schöne Freudenkrone, säum nicht lange.
Deiner wart ich mit Verlangen.

Philipp Nicolai, 1599; AÖL, 1973

Wann darf ich zu dir kommen?

Wachet auf, ruft uns die Stimme / Wie schön leuchtet der Morgenstern

»One-Hit-Wonder« heißt es im Englischen, wenn ein Interpret oder eine Band nur mit einem Hit in die Charts gelangt. Immerhin zu zwei »Hits« brachte es Philipp Nicolai, von dem zwei der bekanntesten und schönsten Lieder stammen, die wir auch - aber nicht nur - zur Advents- und Weihnachtszeit singen: »Wachet auf, ruft uns die Stimme« und »Wie schön leuchtet der Morgenstern«. Wegen dieser beiden Lieder - zwei von dreien, die er gedichtet hat - gehört er zu den ganz großen christlichen Dichtern. Heilig ist Philipp Nicolai gemäß dem katholischen Heiligenkalender deswegen zwar nicht - aber in der evangelischen Kirche wird seiner besonders gedacht, und auch das ökumenische Heiligenlexikon führt seinen Gedenktag auf, allerdings nicht im Advent, sondern am 26. Oktober, seinem Todestag im Jahr 1608. Und dies sicher nicht nur seiner Lieder wegen, sondern eines besonderen zeugnishaften Lebens unter sehr schweren Umständen.

Pest und Zwist

Die Lieder Philipp Nicolais wären wohl nicht denkbar ohne die furchtbare und tief gehende Erfahrung der Pest, die ihn von Jugend an begleitete. Als Sohn eines lutherischen Pastors wurde er 1556 in dem kleinen Ort Mengeringhausen im heutigen Nordhessen geboren. Bereits mit elf Jahren wurde er mit seinem Bruder an einen anderen Ort gebracht, weil in Mengeringhausen die Pest ausbrach.

Eine zweite schlimme Erfahrung seines Lebens waren die Auseinandersetzungen zwischen katholischen und lutherischen Christen, die er auch zum eigenen Nachteil spürte. Und nicht nur von den Seiten der »Papisten«, also der Katholiken, gab es Anfeindungen, sondern auch von Anhängern der reformierten Kirche. Diese Auseinandersetzungen um den rechten Glauben, um das Verständnis der Gegenwart Jesu Christi in der Eucharistie und das wahre Bekenntnis wurden damals auf hohem theologischem Niveau, aber zugleich auch sehr erbittert und persönlich verletzend geführt. Heute, da man eher das Gemeinsame statt das Trennende sucht, kann man sich dies kaum vorstellen. Diese Auseinandersetzungen begleiteten Nicolai auch auf den verschiedenen Pfarrstellen, die er einnahm.

Im Alter von 40 Jahren, 1596, erreichte ihn ein Ruf nach Unna zum Predigtamt. Auch hier in Unna gab es reformierte Christen und unter ihnen starke Vorbehalte gegen den Lutheraner Nicolai. Bei all diesen heftigen Streitigkeiten aber kümmerte er sich gewissenhaft und liebevoll um seine Gemeinde. Zudem traten andere schwere Ereignisse in den Vordergrund. 1597 wurde die Stadt von einer schweren Pestepidemie heimgesucht. Er selbst hat uns die Schrecken dieser Zeit auf beklemmende Weise beschrieben:

»In solchem Elend und Jammer, als es hie zu Unna in allen Gassen rumorte und oftmals etliche Tage aneinander über die zwanzig und bis in die dreißig Toten, nicht weit von meiner Wohnung auf dem Kirchhof unter die Erden verscharret worden, habe ich mit Todes-Gedanken mich immer schlagen müssen. Es überfiel die Pest mit ihrem Sturm und Wüten die Stadt wie ein unversöhnlicher Platzregen und Ungewitter, ließ bald kein Haus unbeschädiget, brach endlich auch zu meiner Wohnung hinein ...«

Seine zwei Schwestern starben; insgesamt starb ein Drittel der Einwohner in diesem Jahr, 1.700 Menschen! Auch ist das heute unvorstellbar, vor allem angesichts der weit geringeren Einwohnerzahl. Nicolai pflegte die Kranken, war Seelsorger und Leichenbestatter. Und er begann, seine Lieder zu dichten: »Wachet auf, ruft uns die Stimme« und »Wie schön leuchtet der Morgenstern«. Er wollte mit diesen Chorälen die Menschen wieder aufrichten, sie trösten und ihnen Mut machen. Seine Botschaft lautet: Wer nicht in der Düsternis und Trostlosigkeit versinken will, der blickt auf die Verheißung Gottes, auf das Kommen des Bräutigams Christus, auf die himmlische Stadt Jerusalem.

Hochzeitliche Begegnung

In beiden Liedern geht es um die Hochzeit – nach dem Gleichnis Jesu von den klugen und törichten Jungfrauen aus dem Matthäusevangelium Kapitel 25 in dem einen, nach der königlichen Hochzeit, wie sie im Psalm 45 beschrieben ist, im anderen. Beide Lieder sind von einer tiefen Freude beseelt, der Freude an der Liebe Jesu Christi, der sich Philipp Nicolai in geradezu bräutlicher Verbindung nahe wusste. Eine innige, mystische Liebe zum Herrn prägte ihn, den harten Kämpfer und unerschrockenen Totengräber seiner Gemeinde. Die Lieder stehen im Anhang seines Buches »Freudenspiegel des ewigen Lebens«, in dem er diese Liebes- und Jenseitsmystik entfaltet, in dem aber auch die obige Beschreibung des Pestwütens steht. Es ist Ausdruck seiner Sehnsucht, dem Herrn nahezukommen, wie sie schon in den Psalmen des Alten Bundes immer wieder anklingt, auch wenn die Wogen des Lebens über einem zusammenzuschlagen drohen.

»Wohlauf, der Bräutgam kommt, steht auf, die Lampen nehmt«: Advent bedeutet Ankunft. Wir denken in diesen Wochen an das Kommen des Gottessohnes auf verschiedene Weise: bei seiner Geburt als Mensch, bei seinem Wiederkommen am Ende der Zeit, wie er es uns zugesagt hat. Wir denken aber auch daran und wollen uns darauf vorbereiten, dass Jesus Christus in unser Herz einziehen will. Für Philipp Nicolai gab es noch eine andere Bedeutung des Advents, der Ankunft: Wann wird er selbst ankommen bei Gott, wann wird er im Paradies sein? »Wann darf ich kommen und Gottes Antlitz schauen?«, wie es im Psalm 42 heißt. – In seinem »Freudenspiegel des ewigen Lebens« hat er dieses Paradies und die Sehnsucht danach ausgedrückt – auch in einem Lied, seinem dritten, das nicht mehr im Gesangbuch steht:

»Wann komm ich in dein Paradeis,
da schon viel Christen wohnen,
und singen dir Lob, Ehr und Preis,
bekleidet mit der Sonnen?
Wann holst du mich ins Himmelreich,
dass ich dein Antlitz schaue?
Mein Seel hat Not und leidet Qual,
dass ich so lang muss harren,
gespannet auf dem Jammertal,
als zög ich schwere Karren ...
Ei, nimm mich in dein' Freudensaal,
von dir bereitet droben,
da dich die Patriarchen all
mit den Propheten loben.
Und da die Schar
der Engel klar
um deinen Thron her schweben ...«

Auch sein Lied »Wie schön leuchtet der Morgenstern« ist ganz und gar von dieser Sehnsucht nach dem Paradies erfüllt. »Gestellet über den 45. Palm«, wie es überschrieben ist, steht es in der Psalmthematik eines geistlichen Hochzeitsliedes. Nach dem Bräutigam Jesus Christus steht sein Gemüte, auf sein Wort kommt er zur geistlichen Hochzeit, worunter man auch das Abendmahlssakrament verstand: »Herr Jesu, du mein trautes Gut, dein Wort, dein Geist, dein Leib und Blut mich innerlich erquicken.« Was hier schon zu Dankgesängen unter dem Klang der Kitara führt, wird erst recht im Paradies als Jubel vollendet.

»Kein Ohr hat mehr gehört solche Freude«

»Wie bin ich doch so herzlich froh, dass mein nun ist das A und O, der Anfang und das Ende. Er wird mich doch zu seinem Preis aufnehmen in das Paradeis, des' schlag ich in die Hände.« Freude und Frohsein: Wie kann man Freude spüren und fröhlich sein, wenn einen der Todeshauch der Zeit umgibt?

Bei Nicolai ist es nicht die Todessehnsucht eines am Leben verzweifelten Menschen. Es ist die beruhigende Gewissheit, dass Gott mit uns ist in Jesus Christus, was uns auch zustößt. Und es ist die tiefe Liebe zu Jesus Christus und der Wunsch, ihm ganz nahe sein zu können und zu ihm kommen zu dürfen. Auch das ist Advent: Ankommen. Wir sind vor dieser Vorstellung des eigentlichen Lebens bei Gott oft weit entfernt. Uns daran zu erinnern, auch dazu mag der Advent uns helfen.

In den letzten Jahren lebte Philipp Nicolai in Hamburg, war Pastor an der Kirchen St. Katharinen. Am 26. Oktober 1608 starb er – durfte er zu seinem Herrn Jesus kommen. Nun ist er, so hoffen wir, im Freudensaal bei den Engeln, den Heiligen und allen Patriarchen, um Gott, den Vater, zu loben.

3.

Von alexandria kom ich her gefarn
sparn Ich wil sie gebe vmb kleines gelt

Es kommt ein Schiff, geladen

GL 236, EG 8

1. Es kommt ein Schiff, geladen bis an sein höchsten Bord,
   trägt Gottes Sohn voll Gnaden, des Vaters ewigs Wort.

2. Das Schiff geht still im Triebe, es trägt ein teure Last;
   das Segel ist die Liebe, der Heilig Geist der Mast.

3. Der Anker haft' auf Erden, da ist das Schiff am Land.
   Das Wort will Fleisch uns werden, der Sohn ist uns gesandt.

4. Zu Betlehem geboren im Stall ein Kindelein,
   gibt sich für uns verloren: Gelobet muss es sein.

5. Und wer dies Kind mit Freuden umfangen, küssen will,
   muss vorher mit ihm leiden groß Pein und Marter viel,

6. danach mit ihm auch sterben und geistlich auferstehn,
   das ewig Leben erben, wie an ihm ist geschehn.

Daniel Sudermann, um 1626;
nach Straßburg um 1450

Eine geistliche Fahrt

Es kommt ein Schiff, geladen

»Willkommen in Hamburg, wir freuen uns, Sie im Hamburger Hafen begrüßen zu dürfen.« Seit über 60 Jahren werden einlaufende Schiffe im Schulauer Fährhaus an der Elbe, dem »Willkomm-Höft«, so begrüßt. Erfahrene ehemalige Kapitäne stellen die Schiffe vor, erklären technische Details oder geben Hinweise zu deren Geschichte. Zahlreiche Besucher kommen täglich, um die kleineren und größeren Schiffe anzuschauen und zu bestaunen, vor allem natürlich die mächtigen Kreuzfahrer und Containerriesen. Der Magie eines auf dem Fluss vorbeiziehenden Schiffes kann sich kaum jemand entziehen.

Das war im 15. Jahrhundert sicher nicht anders. »Es kommt ein Schiff, geladen bis an sein höchsten Bord.« Nicht an der Elbe ist dieses Lied entstanden, sondern wahrscheinlich am Rhein – das Leben Johannes Taulers, mit dem wir es zuerst in Verbindung bringen können, war mit den Rheinstädten Straßburg, Basel und Köln verbunden. Der älteste Beleg für dieses Lied stammt von einer Handschrift von etwa 1450 aus einem Dominikanerinnenkloster in Straßburg, wo Tauler am Ende seines Lebens wirkte. Der Pfarrer Daniel Sudermann hatte es dort gefunden, bearbeitet und in sein 1622 herausgegebenes Gesangbuch eingefügt. Dort finden wir den Hinweis auf Johannes Tauler, mit dem sich Sudermann beschäftigt hat. Auch er war in den Rheinstädten Straßburg und Köln tätig, aber auch in Regensburg, der Stadt am Donaustrom – das Bild des vorüberziehenden Schiffes mag ihm ebenso vertraut gewesen sein und ihn angesprochen haben.

Adventlich-weihnachtlich

Tief liegt es im Wasser, dieses Schiff, die Segel vom Wind gebläht zieht es still vorbei. Keine Lautsprecherdurchsagen, keine Hymnen begleiten seinen Weg – eine große Ruhe liegt über dem Bild. Und doch wird auch dieses Schiff uns vorgestellt, ja näher erklärt wie am »Willkomm-Höft« ein vorüberfahrender Frachter. Wir erfahren zwar noch nicht, woher es kommt und wohin es zieht, aber einzelne Besonderheiten werden uns erschlossen: dass die Segel die Liebe sind und der Heilige Geist der Mast; dass das Schiff eine teure Last trägt, eine unschätzbare sogar: Gottes Sohn selbst, das urewige Wort des Vaters, das um unseretwillen Mensch wird.

Vom »Kommen« ist in diesem Lied die Rede (was es zum Adventslied gemacht hat wie den alten Weihnachtshymnus »Komm, du Heiland aller Welt«), aber auch von der Ankunft: »Der Anker haft' auf Erden, da ist das Schiff an Land. Das Wort will Fleisch uns werden, der Sohn ist uns gesandt« (weshalb es wohl jetzt im Gotteslob bei den Weihnachtsliedern steht). Mit den Worten aus dem Prolog des Johannesevangeliums, die am Weihnachtstag im Gottesdienst gelesen werden, wird ab der dritten Strophe das Ziel dieses Schiffes umschrieben. – Advent oder Weihnachten: Seit Jahrhunderten begleitet uns dieses Lied in der Zeit vor und nach Weihnachten; es ist ein Advents- und Weihnachtslied gleichermaßen. Kann man denn diese Zeiten überhaupt so voneinander scheiden, wie wir das gern tun?

Maria als Schiff

Vor allem aber ist es ein Marienlied, denn sie, die Gottesmutter, ist jenes Schiff, das zu uns kommt und den Sohn Gottes schwer in ihrem Leib trägt. So richtete sich auch der Refrain jeder Strophe des Liedes in seiner frühesten Fassung aus dem 15. Jahrhundert an sie: »Maria, Gottesmutter, gelobet musst du sein! Du edle Königinne, der Engel hellen Schein.« War dieser Refrain in leicht veränderter Form im alten Gotteslob von 1975 als siebte Strophe dem Lied beigefügt, ist er im neuen weggelassen.

Erst in Maria erschließen sich die Bilder, wird die Herkunft und das Ziel dieses Schiffes deutlich: Aus dem Jenseits, der Welt Gottes, kommt es, uns allen gilt seine teure Fracht. Lieder mit solch allegorischen Bildern (von Allegorie spricht man, wenn etwa eine Aussage auf eine andere, oft geistliche Bedeutung hinzielt) begegnen uns mehrere in dieser Zeit. »Es ist ein Ros entsprungen« – auch dieses Lied lebt von den Bildern, die uns das Geheimnis der Menschwerdung Gottes erschließen wollen. Oder »Maria durch ein Dornwald ging«: Immer wird Maria zur Verständnishilfe für das weihnachtliche Geschehen.

Hier also Maria als Schiff: Dieses Bild hat schon alttestamentliche Anklänge, die Christa Reich in einer Erschließung darstellte. So etwa wenn im abschließenden Kapitel des »Buches der Sprichwörter« das »Lob der tüchtigen Frau« erklingt, die »den Schiffen des Kaufmanns« gleicht, weil sie aus der Ferne ihre Nahrung holt (Spr 31,14). Und der syrische Diakon und Theologe Ephräm besang im 4. Jahrhundert Maria und verglich sie mit einem Schiff, »beladen mit dem reichsten Schatz, der den Armen gebracht hat himmlischen Reichtum«. Nicht nur für seine Ladung steht das Schiff, auch für die Verbindung verschiedener Regionen und Welten – wie in dem Kind, das Maria trägt, göttliche und menschliche Welt zusammenkommen. Und diese »teure Ladung« lässt auch den Bauch assoziieren, den Schiffsbauch – wie man im Mittelalter sich nicht gescheut hat, Maria hochschwanger darzustellen, sogar mit Blick auf das Kind unter ihrem Herzen ...

Wie die drei ersten Strophen des Liedes zusammengehören und vom Bild des Schiffes zusammengehalten werden, so stellen auch die drei anderen eine Einheit dar, geprägt vom Bild des sich für uns verloren gebenden Gottessohnes. Die Fracht des Schiffes, das Geschenk Gottes an uns ist nicht nur Gabe, sondern auch Aufgabe. Denn wie Jesus sich für uns hingab, so müssen auch die Menschen füreinander leben und einander dienen, wie er es ja seinen Jüngern gleichsam als Testament im Abendmahlssaal mitgegeben hatte.

Mit Jesus gleichförmig werden bis in das Leiden und Sterben hinein: Es passt zu diesen beiden Strophen des Liedes, dass schon der erste Tag nach Weihnachten uns den Diakon Stephanus vorstellt, den Ersten, der für den Glauben an den Mensch gewordenen Gottessohn als Märtyrer sein Leben ließ. Der 26. Dezember ist eben nicht einfach nur Fortsetzung von Weihnachten, der »zweite Feiertag«, wie man sagt, sondern stellt uns die Konsequenz der Nachfolge dieses Kindes in der Krippe vor Augen: »Wer sein Leben um meinetwillen verliert, wird es gewinnen«, sagt Jesus (Mt 10,39); er wird »das ewige Leben erben, wie an ihm ist geschehn«, heißt es im Lied.

Was in so scheinbarer Ruhe begann, die stille Fahrt des Schiffes, nimmt im Laufe des Liedes durchaus dramatische und blutige Züge an. Zu Recht aber bringt dieses mittelalterliche Lied das zusammen, was von uns gern getrennt wird: Geburt, Leben, Leiden, Sterben und Auferstehen. All das feiern wir nicht nacheinander, das wird gegenwärtig auch in jeder Feier, eben auch an Weihnachten.

»Einer Schifffahrt gleich«

Woher kommt es dennoch, dass dieses Lied, so sehr es vielleicht in manchen Aussagen befremden mag, die Menschen seit Jahrhunderten in seinen Bann zieht? Vielleicht liegt es an dem geheimnisvollen Schiff, das da in der ersten Strophe seine ruhige Bahn zieht. Das Schiff ist ja seit jeher auch ein Bild für das Unterwegssein, das Gefahrvolle und Unstete. So wie Gott zu uns kommt durch Maria, so wollen wir selbst in Jesus Christus zu ihm gelangen. Johann Sebastian Bach benutze in seiner »Kreuzstab-Kantate« dafür das Bild des Schiffes:

> »Mein Wandel auf der Welt ist einer Schifffahrt gleich:
> Betrübnis, Kreuz und Not sind Wellen, welche mich bedecken
> und auf den Tod mich täglich schrecken;
> mein Anker aber, der mich hält, ist die Barmherzigkeit,
> womit mein Gott mich oft erfreut. Der rufet so zu mir:
> Ich bin bei dir, ich will dich nicht verlassen noch versäumen!
> Und wenn das wütenvolle Schäumen sein Ende hat,
> so tret ich aus dem Schiff in meine Stadt,
> sie ist das Himmelreich, wohin ich mit den Frommen
> aus vielem Trübsal werde kommen.«

Bei genauer Betrachtung ist unser Lied also fast spiegelbildlich gebaut: Handeln die ersten drei Strophen vom Kommen des Gottessohnes zu uns, so sprechen die drei anderen davon, was das für uns bedeutet und wie wir zu ihm gelangen können. Eine geistliche Fahrt, vom Gestade der Ewigkeit in unsere Zeit und Welt - und zurück in das ewige Leben. Das Kommen des Gottessohnes will in uns die Hoffnung und den Glauben stärken, dass wir dereinst auch zu ihm kommen dürfen - und willkommen geheißen werden.

4.

Alle Knospen springen auf

GL-Anhänge

1. Alle Knospen springen auf, fangen an zu blühen.
Alle Nächte werden hell, fangen an zu glühen.
Knospen blühen, Nächte glühen.

2. Alle Menschen auf der Welt fangen an zu teilen.
Alle Wunden nah und fern fangen an zu heilen.
Menschen teilen, Wunden heilen,
Knospen blühen, Nächte glühen.

3. Alle Augen springen auf, fangen an zu sehen.
Alle Lahmen stehen auf, fangen an zu gehen.
Augen sehen, Lahme gehen,
Menschen teilen, Wunden heilen,
Knospen blühen, Nächte glühen.

4. Alle Stummen hier und da fangen an zu grüßen.
Alle Mauern, tot und hart, werden weich und fließen.
Stumme grüßen, Mauern fließen,
Augen sehen, Lahme gehen,
Menschen teilen, Wunden heilen,
Knospen blühen, Nächte glühen.

Wilhelm Willms, 1978

Wider alle Weltwirklichkeit

Alle Knospen springen auf

Dornen, die Rosen tragen, Rosen, die mitten in der Nacht erblühen, Wüsten, die Saaten sprießen lassen, ein verdorrter Baumstumpf, der unerwartet nochmals einen Trieb hervorbringt: Es ist schon erstaunlich, dass wir »mitten im kalten Winter« das Wachsen und Erblühen so sehr besingen. Man kann auch anders sagen: Gerade im Winter, denn das Unglaubliche, das Unfassbare des Kommens Gottes zu den Menschen, der Zuwendung des Schöpfers zu seinen Geschöpfen, der Erfahrung neuen Lebens in einer vom Tod beherrschten Welt lässt sich vielleicht kaum schöner umschreiben als im Bild des unvermutet aufbrechenden Lebens. Schon der wundersam blühende Stab Aarons, von dem das alttestamentliche Buch Numeri berichtet (Num 17), wurde als Prophezeiung auf die wunderbare Geburt des Gottessohnes aus Maria verstanden und diese als »blühender Stab Aarons« in mittelalterlichen Hymnen besungen.

Und so werden denn in vielen Häusern am 4. Dezember kahle Forsythien- oder Kirschbaumzweige in eine Vase gesteckt und an einen einigermaßen warmen Ort gestellt, in der Hoffnung, dass sie am 25. Dezember, dem Weihnachtsfest, blühen werden: Barbarazweige. Dass dieser Brauch mit der heiligen Barbara in Verbindung gebracht wird, hat nicht nur mit dem Zeitraum von drei Wochen zu tun, den diese Zweige brauchen, auch in der Legende der Heiligen spielt der Kirschzweig eine Rolle.

Die heilige Barbara

Wie auch bei den anderen brauchtümlichen Adventsheiligen wissen wir von der heiligen Barbara nicht viel. Barbara, deren Name lautmalerisch auf das Fremde hinweisen sollte (»die Brabbelnde«), stammte aus Nikomedia, dem heutigen İzmit in der Türkei. Sie gehörte möglicherweise zu den Opfern der schweren Christenverfolgungen Anfang des 4. Jahrhunderts unter Kaiser Maximinus Daja. Freilich begegnet sie uns legendenhaft erst im 7. Jahrhundert. Die vielen Legenden, die sich um sie gebildet haben, zeigen im Kern eine junge Frau, die zum Christusglauben kam und deshalb von ihrem eigenen Vater den Behörden ausgeliefert wurde. Nach manch vergeblichen Versuchen, sie hinzurichten, habe er sie am Ende selbst mit dem Schwert getötet.

Der christliche Glaube war – und ist mehr denn je – anstößig, er kann Gemeinschaften und Gesellschaften spalten bis hin zur blutigen Auseinandersetzung im wahrsten Sinne des Wortes. »Ich bin nicht gekommen, den Frieden zu bringen, sondern das Schwert«, sagt Jesus im Evangelium (Mt 10,34). Seine Botschaft kann, wie das Beispiel der heiligen Barbara zeigt, sogar einen Riss in der eigenen Familie verursachen – auch das schon von Jesus vorhergesagt: »Ich bin gekommen, den Sohn mit seinem Vater zu entzweien und die Tochter mit ihrer Mutter« (Mt 10,35). Was bedeutet das konkret im Rahmen einer Familie? Anfängliches Unverständnis, zunehmender Streit, vielleicht sogar Handgreiflichkeiten, Nachspionieren, Hinderungsversuche wie Wegsperren, Denunziation, Ausschluss aus der Familie und anderes Schlimme mehr, wie am Beispiel Barbaras zu sehen ist. »Die Hausgenossen eines Menschen werden seine Feinde sein«, bringt es Jesus auf den Punkt (Mt 10,36).

Und doch: Gerade in dieser finstersten Situation kann der Glaube an das Evangelium wachsen. Neues Leben ersteht im Tod: »Wer nicht sein Kreuz auf sich nimmt und mir nachfolgt, ist meiner nicht würdig. Wer das Leben gewinnen will, wird es verlieren; wer aber das Leben um meinetwillen verliert, wird es gewinnen«, schließt Jesus sein Wort von der Wirkung des Evangeliums ab (Mt 10,38-39).

Die Überlieferung berichtet, dass der Vater Barbara in einen Turm sperren ließ, am Ende finden wir sie in Kerkerhaft. Nach einer der Legenden habe sie dort in ihrer Zelle einen verdorrten Kirschzweig mit Wasser nochmals zum Blühen gebracht. Für sie ein Zeichen ihrer Hoffnung: »Du schienst tot, aber bist aufgeblüht zu schönem Leben. So wird es auch mit meinem Tod sein. Ich werde zu neuem, ewigen Leben aufblühen.«

So ist der adventliche Kirchzweig-Brauch eigentlich ein österlicher - und das klingt auch an in den großen Antiphonen, den O-Antiphonen an den Tagen vor Weihnachten, in denen um das Kommen dessen gesungen wird, der den Gefangenen aus dem Kerker befreien soll, »der da sitzt in Finsternis und im Schatten des Todes« (O Schlüssel Davids - 20. Dezember). Das österliche Bild der Ostkirche, die »Anastasis«, ersteht vor unseren Augen: Christus, wie er die Tore und Ketten des Todes zerbricht und den Menschen Adam herauszieht aus dem Schatten des Todes. Und eine andere Antiphon bittet: »Komm, o Herr, und erleuchte uns, die wir sitzen in Finsternis und im Schatten des Todes« (O Aufgang - 21. Dezember).

Wenn Leben aus Totgeglaubtem wächst, hat die Nacht ein neues Licht. Und Totgeglaubtes sind nicht nur Zweige und Baumstümpfe. Wenn Menschen beginnen, sich füreinander und ihr Schicksal zu interessieren, einander zuzuhören, miteinander zu teilen, sich zu trösten, sich gegenseitig ihre Wunden zu heilen, die sie zuvor geschlagen haben, dann bricht ebenfalls Neues auf, rührt sich neues Leben. Dann wird das Reich Gottes spürbar und erlebbar, weil es gegen alle Erfahrungen steht, die Menschen haben, weil es geradezu unfassbar scheint. »Blinde sehen wieder, Lahme gehen und Aussätzige werden rein; Taube hören, Tote stehen auf und den Armen wird das Evangelium verkündet.« So beschied Jesus dem im Gefängnis sitzenden Täufer Johannes auf dessen Frage, ob er der Messias sei, der kommen soll, oder ob man auf einen anderen warten müsse (Lk 7,22). Wilhelm Willms hat dies 1978 zu seinem bekannten Text umgedichtet, den Ludger Edelkötter vertonte.

Es kann sein, so schrieb Christa Reich am Beispiel dieses Liedes, »dass unsere Weltwirklichkeit der Botschaft, die sich in einem Lied meldet, zu laut widerspricht.« Aber tut sie das nicht auch im Glauben an das Wirken Gottes in seinen Heiligen? Ja, steht nicht die »Weltwirklichkeit« jeglichem Glauben im Weg? Und doch öffnen sich immer wieder wunderbare Wege, werden zu Straßen durch blühende Wüstenlandschaften, wie sie der Prophet Jesaia beschreibt (Jes 35).

Im Leben und Sterben der heiligen Barbara erkennen wir die Macht und Gewalt des Evangeliums: Danach zu leben, hat Konsequenzen - mitunter schreckliche, wie immer noch zu sehen ist. Aber es hat auch die Kraft, Türen zu sprengen, Licht ins Dunkle zu bringen, Mauern zerfließen und neues Leben erblühen zu lassen. Das Lied »Alle Knospen springen auf« ist nicht in erster Linie ein Advents- oder Barbara-Lied. Aber es drückt den Gedanken des adventlichen Hoffens gegen alle Hoffnung, das Festhalten am Glauben wider alle Weltwirklichkeit wunderbar aus.

5.

Gelobet seist du, Jesu Christ

GL 252, EG 23

1. Gelobet seist du, Jesu Christ,
dass du Mensch geboren bist
von einer Jungfrau, das ist wahr;
des freuet sich der Engel Schar.
Kyrieleis.

2. Des ewgen Vaters einig Kind,
jetzt man in der Krippe findt;
in unser armes Fleisch und Blut
verkleidet sich das ewig Gut.
Kyrieleis.

3. Den aller Welt Kreis nie beschloss,
der liegt in Marien Schoß;
er ist ein Kindlein worden klein,
der alle Ding erhält allein.
Kyrieleis.

4. Das ewig Licht geht da herein,
gibt der Welt ein' neuen Schein;
es leucht wohl mitten in der Nacht
und uns zu Lichtes Kindern macht.
Kyrieleis.

5. Der Sohn des Vaters, Gott von Art,
ein Gast in der Welt hie ward
und führt uns aus dem Jammertal,
macht uns zu Erben in seim Saal.
Kyrieleis.

6. Er ist auf Erden kommen arm,
dass er unser sich erbarm
und in dem Himmel mache reich
und seinen lieben Engeln gleich.
Kyrieleis.

7. Das hat er alles uns getan,
sein groß Lieb zu zeigen an.
Des freu sich alle Christenheit
und dank ihm des in Ewigkeit.
Kyrieleis.

1. Str.: Medingen bei Lüneburg, um 1380;
2.–7. Str.: Martin Luther, 1524

Mehr Johannes als Lukas

Gelobet seist du, Jesu Christ

Das Weihnachtsfest am 25. Dezember ist alt - aber es gehört nicht zu den ältesten christlichen Festen. Erst rund dreihundert Jahre, nachdem sich die Gemeinschaft der an Christus Glaubenden als Kirche bildete, ist es in Rom entstanden. Zumindest lässt sich aus einer Mitte des 4. Jahrhunderts stammenden Liste mit Todesdaten von Bischöfen ablesen, dass in Rom schon um das Jahr 335/337 mit dem 8. Tag der Kalenden des Januar (das ist 25. Dezember) das Gedenken der Geburt Christi verbunden war. Möglicherweise war es hier zur Zeit der Wintersonnwende und anstelle des römischen Festes der »Geburt des unbesiegbaren Sonnengottes« (*Natalis solis invicti*) eingeführt worden. Die Geburt Jesu wurde als *natalis solis iustitiae* verstanden, als Geburt der »Sonne der Gerechtigkeit«, ein Bild, das von dem Propheten Maleachi geprägt wurde (Mal 3,20): »Für euch aber, die ihr meinen Namen fürchtet, wird die Sonne der Gerechtigkeit aufgehen, und ihre Flügel bringen Heilung.« Begeistert wurde dieses Bild Christi als der wahren Sonne dem damaligen Sonnenkult entgegengehalten - nicht nur im Zusammenhang des Weihnachtsfestes, sondern auch hinsichtlich der Übernahme der römischen Bezeichnung »Tag der Sonne« (Sonntag) für den ersten Tag der Woche.

Auch wenn es also gute Gründe gab, dass das Weihnachtsfest zuerst in Rom begangen wurde, lässt sich doch fragen, warum die Feier der Geburt Jesu eigentlich nicht in Betlehem aufgekommen ist, wo es doch naheliegend gewesen wäre. Tatsächlich sind im Heiligen Land manche christlichen Feste entstanden, weil die örtlichen Gegebenheiten dies mit sich brachten. Vor allem in Jerusalem gab es ab dem vierten Jahrhundert die Tendenz, bestimmter Ereignisse möglichst an den entsprechenden Tagen und Orten zu gedenken. So entfaltete sich beispielsweise aus der bis dahin einzigen und alle Motive umfassenden Osterfeier die Feier der Karwoche mit ihren einzelnen Tagen. Ähnliches gilt hinsichtlich der Geburt und der frühen Kindheitsereignisse Jesu. Und auch zur Feiergestalt des Weihnachtsfestes gab Jerusalem entscheidende Impulse.

Betlehem als Vorbild

In Jerusalem hat man ebenfalls bereits im 4. Jahrhundert das Geburtsfest Jesu gefeiert, allerdings, wie es im Osten zunächst üblich war, am 6. Januar. Und auch bei diesem Fest versuchte man, dies an Ort und Stelle und zur passenden Zeit zu tun. So zog man am Abend des 5. Januar von Jerusalem nach Betlehem, versammelte sich dort auf den Hirtenfeldern und feierte einen Wortgottesdienst, in dem das Evangelium von der Verkündigung der Engel an die Hirten im Mittelpunkt stand. Anschließend folgten eine Vigil in der von Kaiser Konstantin erbauten Geburtskirche, in der das Evangelium vom Kommen der Magier zur Krippe gelesen wurde, und schließlich die Eucharistiefeier. Noch in derselben Nacht zog man dann wieder nach Jerusalem zurück.

Das Vorbild Jerusalems in liturgischen Dingen war groß – nicht zuletzt der vielen Pilger wegen, die nach der durch Kaiser Konstantin herbeigeführten Freiheit der Kirche die Stätten des Glaubens eifrig besuchten und zur Verbreitung der dortigen Feierformen beitrugen. Auch in Rom wurde der nächtliche Weihnachtsgottesdienst nach dem Vorbild Jerusalems üblich. Allerdings feierte man ihn hier in der Nacht vom 24. auf den 25. Dezember. Und wie die Jerusalemer Gemeinde nach Betlehem ging, so zogen in Rom der Papst und die Gemeinde zu der umgebauten Liberius-Basilika, die inzwischen den Namen der Gottesmutter trug: Santa Maria Maggiore. In der Krypta dieser Kirche wurde eine Nachbildung der Geburtsgrotte aufbewahrt. Der dortige nächtliche Gottesdienst, bei dem man gleichsam passend zu Zeit und Ort aus dem Lukasevangelium las, wo von der Verkündigung an die Hirten und deren nächtlichem Gang zur Krippe berichtet wird, ist bereits für das 6. Jahrhundert belegt. Noch in der Nacht zog man zurück zur Peterskirche, wo am Vormittag des 25. Dezembers die eigentliche und ursprüngliche Festmesse gefeiert wurde.

Im Laufe der Zeit verbreitete sich auch diese mitternächtliche Messe und wurde zur »Christmette« (vom lateinischen Wort »Matutin« – einem nächtlichen Gebetsgottesdienst, der dieser Messe voranging). Vor allem das in dieser Christmette verkündete Lukasevangelium wurde zum »Weihnachtsevangelium« schlechthin. Über die evangelischen Hausgottesdienste am 24. Dezember, die unseren häuslichen Heiligabendfeiern zugrunde liegen, verbreitete es sich auch in die Familien, oft bis in den (lutherischen) Wortlaut hinein: »Es begab sich aber zu der Zeit, dass ein Gebot von Kaiser Augustus ausging …« Dass das erste und älteste Weihnachtsevangelium der Anfang des Johannes-Evangeliums ist, der sogenannte Prolog (»Im Anfang war das Wort …«), geriet darüber in den Hintergrund.

Eines der ältesten Weihnachtslieder

Ein wenig ähnelt dieser Situation auch das Lied »Gelobet seist du, Jesu Christ«. Es gehört – zumal mit seiner ersten Strophe, die in das 14. Jahrhundert zurückreicht – zu den ältesten deutschen Weihnachtsgesängen. Martin Luther hatte die erste Strophe als eine mittelalterliche »Leise« (ein Lied, das mit »Kyrieleis« endet) vorgefunden, leicht sprachlich angepasst und als Ausgangsstrophe seines siebenstrophigen Liedes verwendet.

Im Evangelischen Gesangbuch eröffnet es den Kreis der weihnachtlichen Gesänge, auch im katholischen Gotteslob findet es sich. Aber die ganz große Popularität hat es nicht erreicht. Es steht etwas im Schatten anderer weihnachtlicher Lieder - vielleicht, weil es so wenig »stimmungsvoll« ist, wie gesagt wurde, weil nicht von Betlehem gesprochen wird, von Hirten und Engeln, von Josef, Stroh und Windeln - kurz, weil es weniger ein Lied nach dem Evangelium der Weihnachtsnacht als vielmehr des Weihnachtstages ist, mehr nach Johannes als nach Lukas klingt. Verschiedene Aussagen des Liedes, vor allem die 4. Strophe, gehen auf den Prolog dieses Evangeliums zurück. Wie für Johannes ist für Luther hier nicht der Vorgang der Geburt und seine Beschreibung wichtig, sondern ihre Bedeutung für uns; die theologischen Aussagen durchziehen daher das ganze Lied.

Nur im Paradoxon auszudrücken

An die paradoxen Inhalte haben wir uns längst gewöhnt, sodass ihre Widersinnigkeiten gar nicht mehr auffallen: dass Jesus »Mensch geboren« ist »von einer Jungfrau« (1); das »ewig Gut« sich in unser vergängliches »armes Fleisch und Blut« kleidet (2). Der Sohn Gottes, der zum »Gast in der Welt« wird (5), kommt arm auf die Erde, um uns im Himmel reich zu machen (6). Die dritte Strophe erinnert gar an ein paradoxes Bild des Cherubinischen Wandersmannes Angelus Silesius: »Als Gott verborgen lag in eines Mägdleins Schoß, da war es, da der Punkt den Kreis in sich beschloss.«

In vielen Weihnachtsliedern finden sich dieses Stilmittel des Paradoxons und die Darstellung von Gegensätzen. Im Osten und im Westen werden die Dichter nicht müde, immer und immer wieder das Besondere, das Staunenswerte und Unfassbare aus dieser über die Jahrhunderte allzubekannten Geschichte der Menschwerdung Gottes hervorzuholen: »Eine Jungfrau den gebar, der ihr eigner Schöpfer war, Gott vor allen Zeiten.« So übertrug Marie Luise Thurmair eine Zeile aus der alten Cantio »Dies est laetititae« (»Tag an Glanz und Freuden groß«). Nikolaus Herman hat im 16. Jahrhundert den paradoxen Rollentausch beschrieben: »Er wird ein Knecht und ich ein Herr: Das mag ein Wechsel sein« (»Lobt Gott, ihr Christen«). Paul Gerhard drückte damit die Bedeutung der Geburt Jesu für die einzelne Seele aus: »Da ich noch nicht geboren war, da bist du mir geboren …« (»Ich steh an deiner Krippe hier«). Gerhard Tersteegen zeigte im 18. Jahrhundert, wie die Menschwerdung Christi Gegensätze vereint: »Gott und der Sünder, die sollen zu Freunden nun werden« (»Jauchzet ihr Himmel«).

Das Paradoxon ist vielleicht die angemessene Art, von dem eigentlich Unbegreiflichen zu sprechen, das Mysterium zu erhellen, die Quadratur des Kreises zu versuchen. Auch Luthers »Gelobet seist du, Jesu Christ« bringt (wie in der 2. Strophe) zum Ausdruck, was Gerhard Tersteegen in die lapidaren Worte fasste: »Gott ist im Fleische: wer kann dies Geheimnis verstehen?«

Nicht auf Stimmung reduzieren

Die von Luther aufgegriffene Leise »Gelobet seist du«, die er zur Kopfstrophe seines Liedes machte, gehörte in den Zusammenhang eines anderen gottesdienstlichen Gesanges, einer Sequenz. Damit bezeichnet man eine im Mittelalter zahlreich aufgekommene Form der lateinischen Dichtung, die häufig ausführlich das Fest besang, zu dem sie gehörte. Das Volk konnte sich durch muttersprachliche Lieder daran beteiligen. Die besagte Leise gehörte zur weihnachtlichen Sequenz »Grates nunc omnes reddamus« - »Wir wollen Gott dem Herrn Dank sagen, der uns durch seine Geburt von der Macht des Teufels befreit hat. Ihm gebührt es, dass wir mit den Engeln immer das ›Ehre sei Gott in der Höhe‹ singen.«

Kunstvoll greift Luther diese Danksagung der ganzen Christenheit am Schluss seines Liedes auf und verbindet die 7. Strophe so mit der ersten, in der er die Freude der Engel besingt. Und er kann nicht anders, als nach all den Paradoxien noch einmal zu sagen: »Das hat er alles uns getan.« All das, was Jesus an Armseligkeit, an Fremdheit und Erniedrigung auf sich nahm: für uns. Oder, um es mit Johannes aus dem Weihnachtsevangelium zu sagen: »Aus seiner Fülle haben wir alle empfangen, Gnade über Gnade« (Joh 1,16).

Die Messe am 25. Dezember, der älteste und ursprüngliche Weihnachtsgottesdienst, ist in vielen katholischen Kirchen nur noch schlecht besucht. Auch ihr fehlt das »Stimmungsvolle« der Nacht, die sich in Texten und Liedern ausdrückt. Es ist eine verhängnisvolle Tendenz, Weihnachten auf den Gefühlsgehalt zu reduzieren. Die Menschwerdung Gottes bleibt eine große geistige Herausforderung, auch eine geistliche für den Glauben, sie muss immer wieder neu bedacht und meditiert werden. Lieder wie Luthers »Gelobet seist du« sind dafür eine unersetzliche Hilfe.

6.

Goldglanz gießt du aus

Melodie nach GL 464

1. Goldglanz gießt du aus
über dunkle Tage,
Bischof Nikolaus,
tritt aus deiner Sage,
wärme Herz und Haus!

2. Gold, so hören wir,
half drei jungen Frauen.
Golden auf der Pier
war das Korn zu schauen.
So war Gott mit dir.

3. Stark in Wort und Tat
dientest du den Deinen,
legtest gute Saat
zwischen Dorn und Steinen,
Hirt auf Christi Pfad.

4. Lehr uns unerkannt
andere erfreuen
und als Hoffnungspfand
unsre Gaben streuen.
Reich uns deine Hand!

5. Goldglanz gießt du aus
über dunkle Zeiten.
Hilf, dass wir daraus
Christi Weg bereiten,
heilger Nikolaus.

Peter Gerloff

Heilger Nikolaus, tritt aus deiner Sage

Goldglanz gießt du aus

Kaum ein Heiliger ist so bekannt wie er, kaum einer so verehrt – in Ost und West, von Groß und Klein, in der Kirche und außerhalb von ihr erst recht. Im Osten hatte die Nikolausverehrung ihren Anfang genommen, hier gilt er bis heute als fast apostelgleicher Heiliger. Ein Sprichwort im Russischen sagt: »Wenn es den lieben Gott nicht mehr gibt, haben wir immer noch den heiligen Nikolaus ...« Die Kinder freuen sich auf seinen Tag am 6. Dezember – ein kleines Weihnachtsfest ist es, zumindest eine kleine Bescherung. Denn dafür sorgt schon der Handel, der auch den heiligen Nikolaus für sich als Gaben- und Geldbringer entdeckt hat, auch wenn er ihn »Weihnachtsmann« nennt ...

Zugegebenermaßen wissen wir wenig über den historischen Nikolaus. Er war wohl Bischof in Myra, der Hauptstadt der Provinz Lykien im südlichen Kleinasien in der heutigen Türkei. Wann er genau gelebt hat, wissen wir nicht. Die früheste schriftliche Überlieferung, die uns sein wunderbares Eingreifen zur Errettung dreier unschuldig Verurteilter nennt, stammt aus dem 6. Jahrhundert. Zur selben Zeit aber entstand die Beschreibung eines im Jahr 564 gestorbenen Abtes des Sionklosters bei Myra, der ebenfalls Nikolaus hieß. Die Beschreibungen der beiden Männer vermischten sich in der Folgezeit insofern, als Teile aus der Vita des *Abtes* Nikolaus mit der Lebensbeschreibung und der Urlegende des *Bischofs* Nikolaus zusammengefügt wurden. Von nun an ist es fast unmöglich, zum historisch fassbaren Leben des Bischofs vorzudringen.

Doch verschiedene Spuren weisen in das 4. Jahrhundert. Ja, sogar als Teilnehmer des berühmten ersten Konzils von Nicäa im Jahr 325 wird er gesehen – und er habe die Zeichen der noch nicht allzu lange vergangenen Christenverfolgung sichtbar am Leibe getragen. Freilich bleibt dies Vermutung, auch wenn es durchaus so gewesen sein könnte.

Zahlreiche Legenden

Der Kern und die Keimzelle der ganzen Nikolausverehrung ist die Legende von der Errettung dreier unschuldig Verurteilter: Drei Feldherren, auf dem Weg zur Niederschlagung eines Aufstandes in Kleinasien, treffen in Myra mit dem Bischof Nikolaus zusammen. Sie werden Zeugen, wie der Kirchenmann ein schweres Verbrechen verhindert, indem er drei von einem korrupten Polizeipräfekten zum Tode verurteilte Männer durch beherztes Einschreiten gewissermaßen in letzter Sekunde vor der Hinrichtung bewahrt.

Diese drei Feldherren sehen sich nach beendigter Mission und Rückkehr in die Hauptstadt unversehens selbst einer fälschlichen Anschuldigung ausgesetzt: Der Höfling Ablabios, der ihnen ihren Erfolg missgönnt, denunziert sie beim Kaiser des Hochverrates. Konstantin will sie mit dem Tod bestrafen und lässt sie gefangen nehmen. Da erinnern sich die drei des Bischofs von Myra und flehen ihn durch inständiges Gebet um Hilfe an. Noch in derselben Nacht erscheint Nikolaus dem Kaiser Konstantin sowie dem Ablabios im Schlaf und kündigt beiden schwere Konsequenzen an. Zu Tode erschrocken und beeindruckt von der Macht des Bischofs verfügt der Kaiser die Freilassung der drei Feldherren. »Das alles menschliche Fassungsvermögen Übersteigende dieser Wundertat wurde darin gesehen, dass Nikolaus sie zu Lebzeiten vollbrachte und dass er dabei, obwohl körperlich in Myra weilend, im fernen Konstantinopel dem Kaiser im Traum erschien. Diese Fähigkeit machte ihn in den Augen der Gläubigen zum *hyperhagios*, zu einem besonders begnadeten Heiligen also, den man schon als Mensch unter die Engel versetzt sah, wie die Quellen sich ausdrückten« (Wolfgang Mezger).

Der Ruf des Heiligen verbreitete sich, die Zahl der ihm zugeschriebenen Wundertaten wuchs. Spätestens seit dem 9. Jahrhundert war die Kunde von Nikolaus auch im christlichen Abendland bekannt. In Neapel entstand die erste Lebensbeschreibung des Heiligen in lateinischer Sprache. In Süditalien wuchs die Nikolausverehrung derart an, dass man sogar beschloss, sich seine Gebeine zu sichern. Dies geschah auch: Myra war Ende des 11. Jahrhunderts durch die Türkeneinfälle fast völlig verwaist und so hatten die Kaufleute aus Bari keine Schwierigkeiten, die Reliquien aus dem Grab zu entnehmen und in einem Holzfass in die eigene Heimatstadt nach Süditalien zu bringen, wo sie am 9. Mai 1087 ankamen. Von Bari aus verbreitete sich der Nikolauskult über ganz Europa. Die Leistungen des Bischofs grenzten nach den Legenden immer mehr ans Wunderbare. In einer Festpredigt aus dem 9. Jahrhundert wird etwa beschrieben, wie der Säugling an den alten Fastentagen Mittwoch und Freitag nur einmal nach der Mutterbrust verlangte und beim Baden aufrecht in den Wanne stand …

Sichtbares Abbild der herzlichen Güte Christi

Immer wieder die ist es auch die Dreizahl, die in den Legenden begegnet. In Westeuropa entsteht die sogenannte Schülerlegende. Ihre älteste bekannte Version findet sich in einer Hildesheimer Handschrift des »Liber sancti Godehardi«, die ins frühe 12. Jahrhundert gehört. Sie berichtet von einer geradezu unglaublichen Tat: Drei wandernde Scholaren werden in einem einsam gelegenen Wirtshaus, wo sie Quartier nahmen, von dem habgierigen Wirt ermordet. Der heilige Nikolaus, der in Gestalt eines Bettlers vorbeikommt, deckt jedoch das Verbrechen auf und bittet Gott um Wiedererweckung der drei ermordeten Schüler zum Leben, was auch geschieht. Das Schülerpatronat des Heiligen rührt daher wie auch die Kinder-Nikolausspiele an seinem Tag.

Im Zusammenhang mit dem Einkehren des Bischofs in den Häusern steht auch der Brauch, sich zu beschenken, der sich ja ebenfalls bis heute gehalten hat. Er geht letztlich auf die Legende zurück, nach welcher ein verarmter Edelmann seine drei Töchter zur Prostitution freigeben muss, um auf diese Weise ihren Lebensunterhalt zu sichern. Der junge Nikolaus, der gerade ein Vermögen geerbt hat, wirft an drei aufeinanderfolgenden Nächten heimlich jeweils eine Goldkugel auf das Bett und rettet sie so aus der Schande.

Zu den großen und immer wieder besungenen Legenden gehören die von der Rettung Schiffbrüchiger aus Seenot sowie das sogenannte Kornwunder: Während einer großen Hungersnot erfährt der Bischof von Myra, dass im nahen Hafen Schiffe mit Korn angelangt sind, das allerdings zum Weitertransport bestimmt ist. Nikolaus beschwört die Schiffsbesatzung um Korn für die Hungernden und garantiert, dass ihnen daraus kein Schaden entstehen soll. Tatsächlich fehlt später an dem Korn, als die Schiffe in Konstantinopel anlanden, nichts am Gewicht. Das von Nikolaus ausgegebene Korn reicht für zwei Jahre und stillt die Hungersnot. Ein Wunder wie jenes von der wunderbaren Brotvermehrung Jesu.

Die andere Legende zeigt uns Seeleute, die durch Unwetter und Sturm in Seenot geraten und sich an Nikolaus wenden. Dieser erscheint ihnen auch, hilft mit, die Segel richtig zu setzen, bringt sogar den Sturm zum Schweigen und beruhigt die

See, sodass die Seeleute den Hafen sicher erreichen. Der Inhalt dieser Legende erinnert natürlich an die Stillung des Seesturmes durch Jesus im Evangelium. Und wie die Menschen am Ende dieser Bibelstelle fragen: »Wer ist dieser, dass ihm Wind und Wellen gehorchen?«, so lässt auch die Legende fragen, wer es eigentlich ist, der in der Person des Bischofs erscheint?

»Heilger Nikolaus, tritt aus deiner Sage ...«

Der Sinn dieser Legenden scheint folgender zu sein: Auch in den Heiligen erleben wir das Eingreifen Jesu Christi, in dem letztlich das Handeln Gottes an uns sichtbar und spürbar wird. In dem Heiligen erfahren wir den Heiland und Retter Jesus Christus selbst. So beschreibt es auch die im 9. Jahrhundert entstandene »Vita per Michaëlem«, wenn sie über den Heiligen ausruft: »O welch herzliche Güte des heiligen Mannes zu den Notleidenden! [...] Er bekundet die Fürsorge seiner bis in das innerste Wesen hinein guten Seele, *ein sichtbares Abbild der herzlichen Güte des Erlösers Christus zu uns*.«

Das also ist es, was mit dem Ruf in dem Lied gemeint ist: »Heilger Nikolaus, tritt aus deiner Sage ...« Und es ist auch klar, dass hier das Wort Sage aus Reim-Gründen gewählt wurde und letztlich für Legende steht und all das Abseitige, was über einen »Weihnachtsmann« gesagt wird. Und nicht nur der wahre Nikolaus möge uns daraus deutlich werden, sondern der, den er als ein sichtbares Abbild seiner herzlichen Güte zu uns Menschen verkörperte, Jesus Christus selbst.

7.

Gott, heilger Schöpfer aller Stern

GL 230, EG 3

1. Gott, heilger Schöpfer aller Stern,
erleucht uns, die wir sind so fern,
dass wir erkennen Jesus Christ,
der für uns Mensch geworden ist.

2. Denn es ging dir zu Herzen sehr,
da wir gefangen waren schwer
und sollten gar des Todes sein;
drum nahm er auf sich Schuld und Pein.

3. Da sich die Welt zum Abend wandt,
der Bräut'gam Christus ward gesandt.
Aus seiner Mutter Kämmerlein
ging er hervor als klarer Schein.

4. Gezeigt hat er sein groß Gewalt,
dass es in aller Welt erschallt,
sich beugen müssen alle Knie
im Himmel und auf Erden hie.

5. Wir bitten dich, o heilger Christ,
der du zukünftig Richter bist,
lehr uns zuvor dein' Willen tun
und an dem Glauben nehmen zu.

6. Lob, Preis sei, Vater, deiner Kraft
und deinem Sohn, der all Ding schafft,
dem heilgen Tröster auch zugleich
so hier wie dort im Himmelreich.

Thomas Müntzer, 1523 nach dem Hymnus »Conditor alme siderum« 10. Jh.; Johann Leisentritt, 1567

Anfangloser kommender Richter

Gott, heilger Schöpfer aller Stern

»Bible moralisée« heißen die mittelalterlichen Handschriften aus dem 13. Jahrhundert mit Illustrationen der Bibel, die auf bestimmte Weise jeweils einander gegenübergestellt sind. Das berühmte Titelblatt mit der Erschaffung der Welt zeigt einen bärtigen, noch jüngeren Mann, der sich mit einem großen Zirkel in der Hand über eine Weltkugel beugt und diese ausmisst. Sonne und Mond lassen sich erkennen, verschiedene Sterne, das schäumende Wasser, geschieden von der Landmasse, wie es eben der biblische Schöpfungsbericht besagt.

Wer ist dieser Mann, dieser »Geometer«, wie er auch bezeichnet wird? »Gott als Architekt der Welt« kann man in Beschreibungen dieses Bildes lesen oder auch »Gottvater bei der Erschaffung der Welt«. Dabei kommt einem das bärtige Antlitz doch vertraut vor und auch der Kreuzesnimbus um den Kopf weist deutlich darauf hin: Dieser Schöpfer der Welt ist niemand anders als Jesus Christus. Aber die Vorstellung, dass Jesus Christus die Welt geschaffen hat, scheint vielen Menschen nicht vermittelbar. Dabei gibt es den Gottessohn nicht erst seit Betlehem – er ist aus dem »Vater geboren vor aller Zeit«, wie wir im Glaubensbekenntnis sprechen.

Aus ähnlich alter Zeit wie die Darstellung des Geometers Christus stammt ein Hymnus, der uns in seiner deutschen Übertragung als Adventslied vertraut ist: »Conditor alme siderum« – »Erhabener Schöpfer der Gestirne, ewiges Licht der Glaubenden, Christus, Erlöser aller, höre die Bitten der Flehenden.« Christus selbst also wird in diesem Hymnus als »erhabener Schöpfer« angesprochen. Doch was ist aus unserem Lied daraus geworden? »Gott, heilger Schöpfer aller Stern, erleucht uns, die wir sind so fern, dass wir erkennen Jesus Christ, der für uns Mensch geworden ist.« In vier seiner sechs Strophen spricht es über Christus statt zu ihm - nicht erst wir heutigen Menschen tun uns schwer mit der Vorstellung, dass Jesus Christus die Welt erschaffen hat.

Rasche Verbreitung

Der lateinische Hymnus, der (bis heute) zur abendlichen Vesper im Advent gehört, stammt aus dem Mittelalter. Um das Jahr 1000 herum ist er wohl entstanden - zumindest gibt es eine erste Fassung mit Noten aus dieser Zeit. Thomas Müntzer hat ihn im Jahr 1523 für sein Buch »Deutsches Kirchenamt« übersetzt. Müntzer steht uns heute weniger als spekulativer Theologe und Reformator denn vielmehr als Revolutionär im Bauernkrieg vor Augen, vor allem mit seinem traurigen Ende: 1525 wurde er nach der Schlacht bei Frankenhausen gefangen genommen, gefoltert und hingerichtet. Sein Körper wurde gepfählt und zur Abschreckung vor den Stadttoren Mühlhausens ausgestellt. Sein Glaubensverständnis als Gleichwerdung mit dem leidenden Christus hat sich auf schaurige Weise erfüllt.

Vielleicht trug seine Popularität auch zur Verbreitung seines Liedes durch verschiedene Gesangbücher bei, in die es schon bald Aufnahme fand. Sogar das katholische Gesangbuch von Johann Leisentritt aus dem Jahr 1567 führt es auf. Allerdings wurde die ursprüngliche Fassung dabei immer wieder verändert - nicht zuletzt geht es um die Frage, wer eigentlich Adressat des Liedes ist: Gott der Vater oder der Sohn? Denn schon die 2. Strophe bei Müntzer bringt am Ende eine gewisse Verwirrung mit sich: »Drum *nahmst du auf dich* Schuld und Pein.« Das lässt sich freilich über den Vater nicht sagen, weshalb denn auch die heutige Fassung im Evangelischen Gesangbuch wie im katholischen Gotteslob über den Sohn sagt: »Drum *nahm er auf sich* Schuld und Pein.«

Christus wie ein Bräutigam

Dass der zugrunde liegende lateinische Hymnus sich ursprünglich ganz an den Sohn richtete, wird noch aus dem Schluss deutlich, wo Jesus Christus als »zukünftiger Richter« angesprochen wird. So umfasst der lateinische Hymnus wie auch seine deutsche Übertragung Anfang und Ende der Schöpfung. Sie findet ihre Mitte in Jesus Christus, dessen Menschwerdung mit alten biblischen Bildern umschrieben wird: dem Hervorgehen aus »seiner Mutter Kämmerlein«, also dem Schoß Mariens, was sich auf den Psalm 19 bezieht, den schon Bischof Ambrosius in seinem alten Weihnachtshymnus aus dem 4. Jahrhundert zitierte (»Veni redemptor gentium« – »Komm, du Heiland aller Welt«). In diesem Psalm ist von einer Kammer (Gemach) die Rede, aus der die Sonne wie ein Bräutigam hervortritt. Die Feier der Menschwerdung Gottes ist ja mit dem alten Termin der Wintersonnwende verbunden, sodass das Motiv der Sonne in so manchem Weihnachtslied (und auch Adventslied) eine Rolle spielt.

Ein zweites biblisches Zitat in Müntzers Lied ist aus dem Philipperhymnus »Jesus Christus war wie Gott, hielt aber nicht daran fest, wie Gott zu sein, sondern entäußerte sich, wurde wie ein Sklave und den Menschen gleich« (Phil 2,6–11). An dessen Ende heißt es, dass vor dem von Gott erhöhten Herrn alle Knie sich beugen müssen, »im Himmel, auf der Erde und unter der Erde«. Dieser Philipperhymnus, der etwa aus dem Jahr 50 stammt, ist gewissermaßen das älteste »Weihnachtslied«, auch wenn es damals noch kein Weihnachtsfest gab. Aber er besingt die Menschwerdung des Gottessohnes, seinen Tod und seine Erhöhung zu Gott.

Interessant ist die sprachliche Wendung in der dritten Strophe des Müntzerschen Liedes »Als sich die Welt zum Abend wandt« – *vergente mundi vespere*, wie es im Lateinischen heißt. Zum einen sind hier das Dunkel, die Not und Trostlosigkeit der Welt gemeint, die der Erlösung durch das Licht Christi bedurften, zum anderen wird die Verkündigung des Engels an Maria, dass sie empfangen und einen Sohn gebären solle, in der Frömmigkeit mit der Abendzeit verbunden.

Der künftige Richter

Mit dem in der 5. Strophe angesprochenen zukünftigen Richter Jesus Christus wird es nun ganz und gar adventlich, denn im Advent geht es ja nicht nur um die Menschwerdung des Gottessohnes, also sein erstes Kommen, sondern um sein zweites Kommen, seine Wiederkunft am Ende der Zeiten. Darauf bereiten die Texte dieser Wochen vor – erst in den letzten Adventstagen werden das Geburtsgeschehen und all das, was ihm vorausging, in den Blick genommen. Auch das Bild des Richters Jesus Christus ist ein biblisches und zugleich sehr mittelalterliches. Dass Christus »wiederkommen wird, zu richten die Lebenden und die Toten«, bekennen wir auch im Glaubensbekenntnis, doch ist diese Vorstellung noch prägend? Im Mittelalter war sie sehr präsent, Kriege und Seuchen förderten die Vorstellung eines nahen Weltendes, das mit dem Jüngsten Gericht, das heißt mit Strafe oder Belohnung für das jeweilige Tun, verbunden ist. Die Gleichnisse Jesu – man denke an das Gleichnis von den Talenten – waren in der Hinsicht maßgeblich. Das jetzige Leben galt als Zeit der Bewährung im Glauben und in der Tat: »Lehr uns zuvor dein' Willen tun und an dem Glauben nehmen zu«, lautet daher die Bitte an den kommenden Richter Christus im Lied. Das Verständnis Christi als des Weltenrichters prägte auch die Kunst - das zeigen die Portale mittelalterlicher Dome, die nicht selten mit Darstellungen des Weltgerichts im Tympanon geschmückt waren.

Veränderte Advents-Sicht

Wurde das lateinische Wort *adventus* für Ankunft auch zunächst für die Menschwerdung des Gottessohnes gebraucht, so hatte sich gegen Ende des ersten Jahrtausends ein Paradigmenwechsel ergeben: Der Advent wird jetzt vom Gedanken der Parusie, also der Wiederkunft, geprägt. Von den iroschottischen Mönchen, die in zunehmender Zahl auf dem Festland missionierten, wurde diese veränderte Lebenssicht auch gepredigt: »In ihr fühlt sich der Mensch immer mehr als Gast und Fremdling, der von der Hinfälligkeit des Irdischen aufs Äußerste beeindruckt ist, wobei Tod und Gericht - die beiden letzten und alles entscheidenden Augenblicke des Menschen - sein Denken und Handeln prägen« (Wilhelm Josef Schlierf). Die Missionare forderten strenge Werke der Buße und Umkehr. Sogar die Liturgie wurde davon geprägt. Der Wegfall des Gloria-Gesanges, die Einführung zunächst schwarzer, später violetter Gewänder unterstrichen den Bußcharakter, den die Adventszeit nun erhielt - und bis in das 20. Jahrhundert behielt, wie an anderer Stelle beschrieben wird.

So begegnen uns in diesem Lied viele mittelalterliche und teils noch ältere Motive der Adventszeit. Sie sind uns teils vertraut, teils auch fremd geworden - wie das des Weltenschöpfers Jesus Christus.

8.

Rorate caeli

GL 234

Rorate caeli desuper,
et nubes pluant iustum:
aperiatur terra,
et germinet Salvatorem.

Tauet, Himmel, von oben,
ihr Wolken, regnet den Gerechten:
Es öffne sich die Erde
und sprosse den Heiland hervor.

Nach Jesaja 45,8

Tauet, Himmel, den Gerechten

1. Tauet, Himmel, den Gerechten,
Wolken, regnet ihn herab!
sprach das Volk in bangen Nächten,
dem Gott die Verheißung gab,
einst den Mittler selbst zu sehen
und zum Himmel einzugehen.
Denn verschlossen war das Tor,
bis ein Heiland trat hervor.

2. Doch der Vater ließ sich rühren,
dass er uns zu retten sann,
und den Ratschluss auszuführen
trug der Sohn sich selber an.
Schnell flog Gottes Engel nieder,
brachte diese Antwort wieder:
Sieh! ich bin des Herren Magd,
Mir geschehe, was Gott sagt!

Münster, 1801

Rorate caeli

Tauet, Himmel, den Gerechten

»Während der Kunfttage gingen wir mit lampen zur frühmette, wo der psalm wiederholt wurde ›Tauet himmel den Gerechten‹ ... und lange wochen waren erfüllt von den erwartungen der nahen Weihnacht.« Auch wenn in den Erinnerungen des Dichters Stefan George (»Der kindliche Kalender«) ein paar Begriffe durcheinandergeraten sind, wird es deutlich, dass er von den Roratemessen spricht: Frühmorgendliche Uhrzeit und Kerzenlicht, »Tauet, Himmel« - kaum ein anderer Gottesdienst der katholischen Kirche ist so sehr von bestimmten Assoziationen geprägt wie die Roratemesse. Kaum ein anderer Gottesdienst steht auch so sehr für den kirchlichen Advent, wie ihn viele von früher her kennen und ihn gern auch heute noch praktizieren. Für einen Advent, der sich - allen Mühseligkeiten zum Trotz - vielfach in der Erinnerung verklärt: »Wer denkt nicht mit Freude an die Rorateämter, die in Stadt und Land gehalten wurden? Wer sollte es vergessen haben, wie uns die Mutter in aller Herrgottsfrühe heraustrommelte, damit wir, in dicke Kleider und Hauben eingemummt, mit Eltern und Geschwistern zur Kirche gingen? Wer könnte sich nicht mehr an das festliche Glockengeläute erinnern, das einem schon von fern entgegenklang? Unvergesslich ist uns sicher allen das Lied ›Tauet, Himmel, den Gerechten‹. Und wie freuten wir uns alle nach der erhebenden Feierstunde auf die warme Stube und das dampfende Frühstück.« So der Jesuitenpater Rupert Mayer 19141 in einem Brief an seine Schwestern.

Diese Rorate-Gottesdienste haben ihren Namen vom lateinischen Eröffnungsvers, der mit einem markanten Wort aus dem Buch Jesaja (Jes 45,8) beginnt: »*Rorate caeli desuper et nubes pluant iustum«* – »Tauet, Himmel, von oben, ihr Wolken regnet herab den Gerechten.«

Der Tau in der Frühe

Es ist schon interessant: Nie wird der Tau so ausdauernd besungen wie ausgerechnet in den winterlichen Rorate-Gottesdiensten. Kennen wir doch den Tau eigentlich vom Sommer her, wenn auf den morgendlichen Wiesen Milliarden kleiner Tropfen glitzern und die bloßen Füße benetzen. Und doch passt der Tau, gerade weil er so zart, so vergänglich ist, in diese winterlichen Gottesdienste, denn er bringt das so gut ins Bild, worum es in diesen geht.

In Palästina bringen die westlichen Winde von See her nach Sonnenuntergang eine so beträchtliche Feuchtigkeit mit sich, dass es nachts zu reichlichem Taufall kommt. Als Gideon, einer der Richter Israels, am frühen Morgen die Wolle (Vlies) auspresst, auf der allein sich wunderbarerweise der Tau gesammelt hatte, konnte er eine Schale voll Wasser daraus gewinnen (Ri 6,36-40). Solch eine Menge an Tau kann die Samenkörner, die in der Erde verborgen sind, zum Aufkeimen bringen. Auch das Gras, das über Tag niedergedrückt wurde, richtet sich unter dem Tau am Morgen wieder auf und wird wie neu. Der Tau wird als Segen empfunden und gewünscht: »Gott gebe dir Tau des Himmels, vom Fett der Erde, viel Korn und Most« (Gen 27,28). Nach der Befreiung aus Ägypten hat sich in der neuen Heimat dieser Segenswunsch für Israel erfüllt: »So siedelte Israel sich sicher an, die Quelle Jakobs für sich allein, in einem Land voller Korn und Wein, dessen Himmel Tau träufeln lässt« (Dtn 33,28). Wie Milch und Honig wird auch der Tau zum Bild für paradiesische Zustände – etwa für ein gutes Miteinander der Menschen:

Wenn Brüder in Eintracht beisammen wohnen, ist dies »wie Tau des Hermon, der niederfällt auf den Sionsberg« (Ps 133,3).

Letztlich schenkt Gott selbst den Tau (Mich 5,6), und so wird auch die Treue und Liebe Gottes, unter der Israel aufleben kann, mit dem Tau verglichen: »Ich werde für Israel da sein wie der Tau, damit es aufblüht wie eine Lilie und Wurzeln schlägt wie der Libanon« (Hos 14,6). Ja, um Gottes Gerechtigkeit wird gebetet wie um den Segen des Himmels: »Taut, ihr Himmel, von oben, ihr Wolken, lasst Gerechtigkeit regnen« (Jes 45,8). Der Tau entsteht im Stillen, im Verborgenen. Er ist am Morgen einfach da, kommt wie aus dem Nichts. Doch er ist vergänglich, der Tag bringt sein Ende, die Sonne lässt ihn vergehen. Der Tau ist ein Kind der Nacht - geheimnisvoll entsteht er, kein Mensch ist Zeuge seines Werdens. So wird er zum Sinnbild für die Menschwerdung Gottes selbst, für die Geburt Christi in der Mitte der Nacht: »Ich habe dich gezeugt noch vor dem Morgenstern, wie den Tau in der Frühe« (Ps 110,3). Und es passt, dass der, auf den diese Worte des Psalms gedeutet werden, von sich selbst sagte, dass er nicht lärmt und nicht Gewalt anwendet. Im Kommen geheimnisvoll, äußerlich unscheinbar und doch voller Segen: Jesus Christus ist wie der Tau in der Frühe.

Du, Erde, tue dich auf

Doch nicht nur um den Tau von oben singen wir, wir bitten auch: »Die Erde tue sich auf und sprosse den Heiland hervor.« Wer einen Garten hat, weiß, dass selbst ein schöner Regen nicht richtig wirken kann, wenn der Boden nicht zuvor aufgelockert und bereitet worden ist. Auf Gott und sein Tun übertragen heißt das: Gott kann es zwar regnen lassen, er kann den Tau seiner Gnade schenken, aber damit dieser wirklich etwas bewirken kann, benötigt Gott Menschen, die sich ihm öffnen und für ihn bereit sind. Das Beispiel für ein wunderbares und segensreiches Zusammenwirken zwischen Gott und den Menschen liefert das Evangelium von der Verkündigung des Herrn (Lk 1,26-38), wie es auch im Lied »Tauet, Himmel, den Gerechten« anklingt.

Das beliebte Lied, das den Gedanken des liturgischen Eröffnungsgesanges in Strophen fasst, findet sich in unterschiedlichen textlichen und melodischen Fassungen bis heute in den einzelnen Diözesan-Anhängen des Gotteslobes. Doch auch in ihnen ist der Blick auf Maria gerichtet, die sich öffnete für das Wort Gottes, die sich auftat für den Tau, für den Regen von oben, der zu den Gerechten herabregnet. So konnte aus ihr der Heiland hervorsprossen, so konnte sie Jesus, ohne einen Mann zu erkennen, zur Welt bringen. In ihr erfüllte sich die Prophezeiung des Jesaja.

Maria im Blick – und uns

Nach der Theologie der Alten Kirche wird Maria als Repräsentantin der Erde gesehen. Sie ist das Bild der reinen Schöpfung, die ihren eigenen Schöpfer und Erlöser hervorbringt. Dies findet in vielen alten Gesängen seinen Ausdruck; vor allem die Dichter der byzantinischen Hymnen werden nicht müde, in immer neuen Bildern Maria als Inbegriff der Schöpfung zu zeichnen.

Doch was wir über Maria sagen, singen wir auch über uns selbst. Wenn die Erde das Bild für Maria ist, dann ist sie auch zugleich ein Bild für uns alle. Der Heiland kommt nicht wie ein »Deus ex machina« von oben herab: Aus unserer Mitte - und das sind wir alle - wird er geboren. Er nimmt unsere menschliche Natur an, um uns Menschen ganz nahe sein zu können. Oben und unten müssen aber zusammenwirken, wie es schon der Psalmist sagt: »Der Herr spendet seinen Segen - und unser Land gibt seinen Ertrag« (Ps 85,13). Maria hat, vom Geist Gottes betaut, den Heiland zur Welt gebracht. Damit er auch in uns und mit uns als Heiland wirken kann, müssen wir ihm wie Maria in uns Raum geben, ihn in uns wachsen lassen. Wie es unübertrefflich der Dichter Angelus Silesius formuliert hat: »Wird Christus tausendmal zu Betlehem geboren, und nicht in dir, du bleibst noch ewiglich verloren.«

Große Beliebtheit

»Rorate caeli« - wenn wir so im Advent singen, dann haben wir also Maria im Blick, die uns den Heiland geboren hat. Diese Roratemessen waren - und sind - zunächst Marienmessen an bestimmten Tagen im Advent. Die Roratemessen erfreuten sich einer sehr großen Beliebtheit und wurden von zahlreichen Gläubigen besucht. Zu ihrer Beliebtheit mochten verschiedene Gründe geführt haben: Die Nähe des Weihnachtsfestes, zu dessen Vorbereitung diese Messen mit ihrem Evangelium von der Ankündigung der Geburt beitrugen; die besondere Heilswirkung, die man ihnen für alle daran Beteiligten, aber auch für Haus und Hof zuschrieb (auch für die Reisenden und Seeleute - mit Blick auf Maria und Josef, die sich nach Betlehem aufmachten); die nachhaltigen Eindrücke des morgendlichen Kirchgangs - womöglich bei Kälte und Schnee; die nur von Kerzen erhellte Kirche; die Lieder, aus denen Sehnsucht und verhaltene Vorfreude auf das Weihnachtsfest klangen. Eben wegen der erhofften Wirkungen beeilte man sich oft, schon im Herbst eine Roratemesse »zu bestellen«.

Die Messen wurden teilweise sehr feierlich gestaltet, mitunter sogar »levitiert«, also mit zwei dem Zelebranten assistierenden

Priestern, die als »Diakon« und »Subdiakon« fungierten. Zumeist wurde auch das Allerheiligste ausgesetzt, vor dem man die Messe feierte. Vor allem in der Barockzeit wurde das Evangelium mancherorts auch »dramatisiert«, das heißt von verschiedenen Personen gesprochen und sogar szenisch gespielt, was teilweise zu kuriosen Spektakeln führte.

Da nach dem Messbuch von 1570 keine Messen nach 12 Uhr Mittag stattfinden durften und die Roratemessen unter Umständen länger dauerten, weil sie ja auch besonders feierlich gestaltet waren und von zahlreichen Gläubigen mitgefeiert wurden, für die ja zumeist im Anschluss daran ein Arbeitstag anfing, begannen sie schon sehr früh am Morgen. Das bedeutete für die überwiegende Zahl der Gläubigen ein entsprechend zeitiges Aufstehen, denn der Kirchgang war ja früher meistens wirklich ein »Gang«. Dieser Gottesdienst am dunklen Morgen bedurfte in einer Zeit, da man noch kein elektrisches Licht kannte, vieler Kerzen, in deren Schein man feierte. Teilweise brauchte man die Kerzen und Lichter auch schon für den Weg zur Kirche, wie es ja auch Stefan George eingangs beschrieb. Erst seit den 1970er-Jahren ist die Feier der Roratemesse auch am Abend erlaubt.

Der Gang zur Rorate

Das Dunkel des frühen Morgens wurde jedoch als höchst passender Ausdruck unserer Adventshaltung erachtet: »Schon der erste fromme Brauch ist ein herrliches Gleichnis des menschlichen Suchens und Mühens aus Dunkelheit und Nacht nach göttlichem Licht: der Weg zur Rorate« (Hanns Koren). Aus den älteren Berichten über die Rorateämter und aus Erinnerungen an früher lässt sich heraushören, dass die Kinder, aber auch die Väter an diesen Gottesdiensten zahlreich teilnahmen. Die Kerzen und der Gang durch die Dunkelheit und Kälte trugen ein Übriges zum Erlebnis bei. »Ein Ereignis für mich war, dass nicht Mutter, sondern Vater mich mit ins Rorateamt nahm. Im Dezember war es früher auch schon bitterkalt. Mein Vater nahm mich bei der Hand; meine kleine Hand lag in seiner großen, warmen Männerhand, und manchmal waren unsere beiden Hände in seiner Joppentasche. Wir schlurften durch den Schnee, Vater mit großen Schritten, ich trippelnd neben ihm. Auf der Hauptstraße, die damals frühmorgens noch ohne Verkehr war, ging, wen man sah, der Kirche zu. Ganz außerordentlich war, dass Vater mich mit in seine Kirchenbank nahm. Welch kindliche Freude hatte ich neben meinem Vater, wenn er mit seiner guten Stimme alle Adventslieder mitsang. Ich glaube, dass ich meinen Vater so - singend neben mir in der Kirche - am meisten geliebt habe« (Paul Löcher).

9.

Als ich bei meinen Schafen wacht

GL 246

1. Als ich bei meinen Schafen wacht,
ein Engel mir die Botschaft bracht.

Refr.: Des bin ich froh, bin ich froh,
froh, froh, froh, froh, froh, froh!
Benedicamus Domino!

2. Er sprach: »Der Heiland Jesus Christ
zu Betlehem geboren ist!«

3. »Das Kindlein liegt in einem Stall
und will die Welt erlösen all.«

4. Als ich zum Stalle trat hinein,
in Windeln lag das Kindelein.

5. Das Kind zu mir die Äuglein wandt,
mein Herz gab ich in seine Hand.

Köln, 1621

Geistliche Liebesseufzer

Als ich bei meinen Schafen wacht

Joachim Neander, dem wir nicht nur den Namen eines nahe bei Düsseldorf gelegenen Tales (und den des dort gefundenen Ur-Menschen) verdanken, sondern auch das bis heute gern gesungene Lied »Lobe den Herren, den mächtigen König der Ehren«, wunderte sich in der Vorrede zu seinem Gesangbuch »Bundeslieder und Dankpsalmen« von 1680 über die Singgewohnheiten seiner Zeit: »Man dencke hierbey, was für seltsame Worte nicht gesungen werden von dem gemeinen Mann in frembder Sprache, als: *In dulci jubilo*; *Puer natus in Bethlehem; Gratiosa coeli rosa*. Wie kann doch einer, der unerfahren, Amen hierzu sagen? Eben so viel als das Volck in der Römischen Kirchen davon verstehet, wan es mit voller Stimme ruffet: *Et cum Spiritu tuo*. Es muß ja alles billig mit Verstand geschehen, weil Gott im Geist und in der Wahrheit durch vernünfftigen Gottesdienst will gedienet seyn.«

Neander war nicht der Einzige, dem die »Sprachmengerei« auffiel, wie Hoffmann von Fallersleben in seiner »Geschichte des deutschen Kirchenliedes bis auf Luthers Zeit« solche Beispiele von »Mischpoesie« nannte, in der lateinische und deutsche Worte und Sätze nebeneinander stehen.

Während das »Puer natus in Betlehem« auch in seiner komplett deutschen Fassung in die Gesangbücher kam und sich dort noch in Anhängen findet (»Ein Kind, geborn zu Betlehem«), ist das »In dulci jubilo« zumindest im katholischen Gesangbuch zweisprachig geblieben. Es ist aber nicht das Einzige. Zu den Weihnachtsliedern zählt auch das beliebte »Als ich bei meinen Schafen wacht« mit dem markanten Refrain: »Des bin ich froh – froh, froh, froh! Benedicamus Domino!« Und an Epiphanie singt man »Seht ihr unsern Stern dort stehen« mit dem lateinischen Engelszitat als Refrain: »Gloria in excelsis Deo.«

Vielleicht wundern sich manche Menschen bis heute darüber, immerhin aber erhalten sie, wenn sie des Lateinischen nicht mächtig sind, im Gotteslob eine Übersetzung. Bleibt trotzdem die Frage, wie es zu solchen Liedern kam.

Jesusminne und Brautmystik

Der Text des bekanntesten dieser Lieder, »In dulci jubilo«, reicht zurück in das 15. Jahrhundert. So besagen es die darunter stehenden Hinweise im Gesangbuch. Zu der Zeit taucht es in einer Liedersammlung auf. Einzelne Textabschnitte sind aber älter, begegnen uns bereits in einem Gebetbuch des Zisterzienserinnenstiftes Medingen von 1340. Gebet und Liedtext - beide in deutsch-lateinischer Verwobenheit - sprechen in inniger Weise zu Jesus, dem Bräutigam der Seele, dessen Liebe man ersehnt und erstrebt. Es kommt nicht von ungefähr, dass sich solch ein Gebet in einem zisterziensischen Gebetbuch findet. Jesusminne und Brautmystik haben in den Gemeinschaften der Zisterzienser eine lange Tradition. Sie finden sich beim Ordensgründer Bernhard von Clairvaux, bei Mechthild von Magdeburg, Gertrud von Helfta, Mechthild von Hackeborn. Liturgie und persönliche Frömmigkeit durchdringen sich in solchen Texten, jeweils auch in ihrer Sprache, der klerikalen Sprache und derjenigen der Laien.

Ihr Ziel hat diese Frömmigkeit in der Kommunion, der »hochzît«, wie sie auch genannt wurde, der ersehnten Vereinigung der Seele mit ihrem Bräutigam. In dieser besonderen Frömmigkeit ist der Wurzelboden zu finden, »aus der die Cantio ›In dulci jubilo‹ gerade in ihrem speziellen Zuschnitt und ihrer Zweisprachigkeit entstanden, gepflegt und verbreitet worden ist« (Martin Rößler).

Geistliche Erotik

Auch das Lied »Als ich bei meinen Schafen wacht« ist von diesem Liebesgefühl zu Jesus Christus durchdrungen, obwohl die Fassung, die heute im Gotteslob steht, nur noch in Resten, genauer gesagt in der letzten Strophe, davon zeugt. Ursprünglich aber ist das Lied mit neun Strophen umfangreicher. Die Schilderung der Engelsbotschaft nach dem Lukasevangelium (Lk 2,8-14) ist gewissermaßen nur der Auftakt einer Liebesbeziehung zwischen Jesus und – ja wem eigentlich? Die in der ersten Strophe geschilderte Situation des Wachens bei den Schafen lässt natürlich an einen Hirten denken. In Carl Orffs »Weihnachtsgeschichte« wird das Lied von einem Hirtenjungen gesungen, indes die übrigen das Echo bilden. Andererseits weisen die fortgefallenen Strophen mit Worten wie »zuckersüß« und »Herzenslust« doch auf eine fast erotische Beziehung hin, wie sie auch in den mystischen Minneliedern zum Ausdruck kommt:

»Demütig küsst' ich seine Füß',
davon mein Mund ward zuckersüß.

Als ich heimging, das Kind wollt' mit
und wollt' von mir abweichen nit.

Das Kind legt' sich an meine Brust
und macht' mir da all' Herzenslust.

Den Schatz muss ich bewahren wohl,
so bleibt mein Herz der Freuden voll.«

Die Zuwendung zu dem Kind ist besonders in Paul Gerhardts Lied »Ich steh an deiner Krippe hier« entfaltet: Äuglein, Mündlein, Händlein werden hier geschaut und in ihrer Schönheit beschrieben in einer Sprache, die der von Verliebten ähnelt:

»Vergönne mir, o Jesulein,
dass ich dein Mündlein küsse,
das Mündlein, das den süßen Wein,
auch Milch und Honigsüße
weit übertrifft in seiner Kraft;
es ist voll Labsal, Stärk und Saft,
der Mark und Bein erquicket.«

Der Wegfall dieser Strophen im Lied »Als ich bei meinen Schafen wacht« geschah nicht erst heute. Hermann Kurzke, der sich mit erotischen Metaphern in den Kirchenliedern beschäftigt hat, spricht davon, dass dieses Lied, das in der Aufklärung verloren gegangen ist und in der Restauration wiederentdeckt wurde, bereits Mitte des 19. Jahrhunderts »enterotisiert« wurde. So bleibt ein Hirtenlied, ähnlich vielen anderen, übrig, das kaum mehr die Bindung und Hingabe des liebenden Herzen erahnen lässt.

»Eja, eja«

Auch das nur unwesentlich jüngere Lied Friedrich Spees »Zu Betlehem geboren« ist ganz und gar von dieser geistlichen Liebesbeziehung geprägt. Sie zieht sich durch das ganze Lied und findet ihren Höhepunkt in der (im Gotteslob neu hinzugekommenen) 6. Strophe:

»Lass mich von dir nicht scheiden,
knüpf zu, knüpf zu das Band:
Die Liebe zwischen beiden
nimmt hin mein Herz zum Pfand.
Eja, eja, nimmt hin mein Herz zum Pfand.«

Als letzter Rest des Lateinischen erscheint hier das doppelte »Eja« in jeder Strophe. Das lateinische »eia«, was so viel wie »ei« oder »wohlan« bedeutet, kommt interessanterweise in mehreren Weihnachtsliedern vor: »In dulci jubilo«, »Vom Himmel hoch, ihr Englein kommt«, »Singen wir mit Fröhlichkeit«, »Wie schön leuchtet der Morgenstern«. Letzteres ist kein eigentliches Weihnachtslied, doch mit den anderen hat es die Innigkeit der Beziehung zu Jesus Christus gemeinsam. Es scheint, als ob sich diese nicht anders ausdrücken ließe als mit den alten lateinischen Lauten, die geistlichen Liebesseufzern gleichen ...

Vielleicht liegt darin der Grund, dass man das Lied »Als ich bei meinen Schafen wacht« und vergleichbare andere Lieder um die »Liebes-Strophen« gekürzt hat. Heutige Menschen tun sich mit dieser Art der Jesusminne eher schwer. Vielleicht lässt sich die Beziehung zu Jesus dann eher in einer anderen Sprache aussingen, wie es auch in vielen »Lobpreisliedern« geschieht: »Jesus Christ, you are my life, alleluja - Zeugen deiner Liebe sind wir ...« - eine Mischpoesie ganz neuer Art.

10.

Mit Ernst, o Menschenkinder

GL-Anhänge, EG 10

1. Mit Ernst, o Menschenkinder,
das Herz in euch bestellt,
bald wird das Heil der Sünder,
der wunderstarke Held,
den Gott aus Gnad allein
der Welt zum Licht und Leben,
versprochen hat zu geben,
bei allen kehren ein.

2. Bereitet doch beizeiten
den Weg dem großen Gast
und rüstet euch mit Freuden,
lasst alles, was er hasst.
Macht eben jeden Pfad,
die Täler all erhöhet,
macht niedrig, was hoch stehet,
was krumm ist, macht gerad.

3. Ein Herz, das Demut liebet,
bei Gott am höchsten steht;
ein Herz, das Hochmut übet,
mit Angst zugrunde geht;
ein Herz, das richtig ist
und folget Gottes Leiten,
das kann sich recht bereiten,
zu dem kommt Jesus Christ.

4. Ach mache du mich Armen
zu dieser heil'gen Zeit
aus Güte und Erbarmen,
Herr Jesu, selbst bereit.
Zieh in mein Herz hinein
vom Stall und von der Krippen,
so werden Herz und Lippen
dir allzeit dankbar sein.

Valentin Thilo, 1642;
4. Str: Hannoversches Gesangbuch,
Lüneburg, 1657

Bereitet dem Herrn den Weg

Mit Ernst, o Menschenkinder

Manch eine(r) mag sich noch daran erinnern: Der Advent war ehedem eine strenge Zeit. Buße und Fasten wurden ähnlich thematisiert und praktiziert wie in der Quadragesima vor Ostern. Jedes Stück Schokolade, das man als Kind beiseitelegte, war ein »Strohhalm für die Krippe des Christkindes«, so kannte ich es in meiner Kinderzeit. Noch im Schott-Messbuch von 1961 wurde den Gläubigen eingeschärft: »Der Adventsgeist ist ... der Geist der Buße, wie er gepredigt und im Leben dargestellt wird durch Johannes den Täufer: ›Tuet Buße, denn das Himmelreich ist nahe.‹ Diesem Geist der Buße entsprechen die Gewänder, das Unterlassen bestimmter Gesänge und das Schweigen der Orgel.«

Seit geraumer Zeit hat sich jedoch ein Wandel vollzogen, der den Ernst dieser Zeit milderte und den Aspekt der frohen Erwartung mehr betonte: Ein Adventsfasten (mittwochs und freitags) war kirchenrechtlich schon seit 1917 nicht mehr vorgesehen. Nur freiwillig wurden die Gläubigen noch angehalten, durch »Beherrschung der Triebe und durch freiwillige körperliche Buße [...] zu Gott zurückzukehren«, wie es in der päpstlichen Enzyklika »Mediator Dei« von 1947 hieß. Der Bußcharakter wurde mit der Neuordnung der Liturgie im Zuge des Zweiten Vatikanischen Konzils weiter zurückgedrängt. Der Advent gilt seither als eine Zeit »hingebender und freudiger Erwartung«, wie es in der »Grundordnung des Kirchenjahres« von 1969 gesagt wird. Das frühere Verbot der Instrumentalmusik entfiel ebenfalls: Orgel- und Instrumentalmusik sowie der Blumenschmuck sollen lediglich der Zeit angepasst sein und nicht die volle Freude der Geburt des Herrn vorwegnehmen. Insgesamt, so scheint es, ist der Aspekt der Buße (und mit ihm des Fastens), früher ein Charakteristikum der Adventszeit, verlorengegangen. So war einer unserer Studenten vor einigen Jahren auch sehr erstaunt, als er von der alten Einschätzung des Advents erfuhr. Er hielt diese Wochen gerade für eine Zeit, in der man sich den Gaumenfreuden und dem Vorfeiern von Weihnachten hingeben soll. Der Advent: eine große Vorweihnachtszeit?

»Geist der Buße«

Vielleicht passt in diesen Zusammenhang, dass jetzt auch das alte Adventslied »Mit Ernst, o Menschenkinder« aus dem Stammteil des neuen Gotteslobes verschwand und nur noch in einigen Anhängen auftaucht. Eine ernste Zeit: Wer mag die noch haben wollen? Immerhin steht es im Evangelischen Gesangbuch noch »vorn« – es ist auch ein »evangelisches« Lied in doppelter Hinsicht.

Valentin Thilo, ein lutherischer Theologe und Kirchenlieddichter aus dem 17. Jahrhundert, hat es geschrieben und darin den »Adventsgeist«, wie er oben im Zitat genannt wird, ausgedrückt: den Geist der Buße, wie ihn Johannes der Täufer im Evangelium predigte. Daher hatte Thilo dieses Lied dem vierten Adventssonntag zugewiesen, an dem, wie auch schon am Sonntag zuvor, im evangelischen Gottesdienst die Figur des Täufers Johannes und sein Bußruf im Evangelium begegnen. Im heutigen katholischen Gottesdienst sind es der zweite und dritte Adventssonntag, die uns den Täufer vor Augen stellen.

Johannes gehört zu den großen Gestalten dieser Zeit vor Weihnachten – in der zweiten und dritten Adventswoche begegnet er immer wieder in Gebeten, im Evangelium und auch in Liedern. Sein Ruf, dem Herrn einen Weg zu bereiten, ist nicht neu, schon beim Propheten Jesaja lesen wir davon. Johannes will mit diesem Ruf auf das Kommen des Messias vorbereiten, will die Menschen je für sich dazu bringen, sich auf eine Begegnung mit ihm einzustellen. Für uns ist es die Begegnung mit Jesus Christus – nicht nur als Kind in der Krippe an Weihnachten, sondern hier und jetzt: »Jetzt ist die Zeit, jetzt ist die Stunde, heute wird getan oder auch vertan, worauf es ankommt, wenn er kommt«, wie es in einem Lied heißt. Sich bereiten: abtragen, was hindernd aufragt, auffüllen, was leer und hohl geworden ist, gerade machen, was schief und krumm läuft. Das ist die biblische Botschaft, die wir auch um ein Bild erweitern können, das in diesen adventlichen Tagen immer wieder besungen wird: öffnen, was in einem verschlossen ist, damit der Herr auf dem Weg zu uns auch einkehren kann in uns.

Einkehr eines Gastes

Wer kennt das nicht: Wenn Gäste erwartet werden, bringt man nochmals die Wohnung in Ordnung, räumt auf, was herumliegt, wischt Staub, saugt den Teppich, sorgt für ein paar Blumen. Der Gast soll einen guten Eindruck erhalten. Wenn Städte hohen Besuch erwarten, werden bisweilen sogar Straßen aufwendig in einen besseren Zustand gebracht. Von einem »großen Gast«, der kommt, spricht auch Valentin Thilo in seinem Lied. Mit biblischen Wendungen umschreibt er ihn als »wunderstarken Held«, als einen, der der Welt, Licht und Leben zu geben, versprochen hat. Für ihn gilt es, sich zu rüsten. Erst in der letzten Strophe spricht er ihn mit »Herr Jesu« selbst an.

Jesus als »Gast«. Die Evangelien, vor allem das nach Lukas, zeigen uns Jesus immer wieder in dieser Rolle: beim Zöllner Levi, bei Zachäus, bei Marta und Maria, bei mehreren Pharisäern, bei den Emmausjüngern ... Der Neutestamentler Gerhard

Hotze hat herausgestellt, dass dies nicht nur den Alltag des Wanderpredigers zeigt. Jesus als »Gast« ist auch eine Metapher für Fremdheit (Jesus, der keinen Platz in dieser Welt hat); für das Neue und Andere (Jesus, der eine neue und gute Botschaft mitbringt); für Gastfreundschaft (Jesus, der die Gemeinschaft - auch und gerade beim Mahl - mit den Menschen sucht); für Befristung des Aufenthaltes (Jesu kommt von Gott und kehrt zu ihm zurück) und für das Gastgeschenk (Jesu Wort und heilvolles Handeln an den Menschen). Vor allem kann man im Gast Gott selbst begegnen, wie es Abraham erfuhr, weshalb die Christen auch ermahnt werden, die Gastfreundschaft nicht zu vergessen, »denn durch sie haben manche, ohne es zu ahnen, Engel beherbergt« (Hebr 13,2). So stellt der Begriff »Gast« geradezu einen Hoheitstitel Jesu dar. Der heidnische Hauptmann verdemütigt sich daher trotz seiner Stellung, als er Jesus in sein Haus bittet, um seinen Knecht gesund zu machen: »Herr, ich bin nicht würdig, dass du eintrittst unter mein Dach.«

»Zieh in mein Herz hinein«

Die unwürdigen Umstände beim Kommen Christi in die Welt (»Er kam in sein Eigentum, doch die Seinen nahmen ihn nicht auf« - Joh 1,11) lassen gerade vor und an Weihnachten den Gedanken des unwürdigen Herzenshauses beim Kommen Christi zu uns aufkommen. Dies klingt auch in manchem Lied an. Bei Paul Gerhardt beispielsweise, der in seinem Lied »Ich steh an deiner Krippe hier« dem Christuskind sein Herz anbietet: »Zwar sollt ich denken, wie gering ich dich bewirten werde: Du bist der Schöpfer aller Ding, ich bin nur Staub und Erde. Doch du bist so ein frommer Gast, dass du noch nie verschmähet hast den, der dich gerne siehet.« Papst Johannes XXIII. formulierte in seinem »Geistlichen Tagebuch« ähnlich: »Komm, Jesus, komm, ich warte auf dich. Ich bin ein armer Hirte, habe nichts als einen elenden Stall, eine kleine Krippe, ein wenig Stroh! Jesus, sieh, hier ist mein Herz; meine Seele ist arm und ohne Tugenden, das Stroh meiner vielen Unvollkommenheiten wird dich stechen, dir weh tun; aber, o mein Herr, was willst du? Es ist alles, was ich habe. Mich rührt deine Armut, und sie bereitet mir Tränen; und doch weiß ich dir nichts Besseres anzubieten.« Das Adventslied »Macht hoch die Tür« handelt insgesamt vom Kommen Gottes zu uns und fordert uns auf: »Eur Herz zum Tempel zubereit'.«

Valentin Thilo geht sogar noch einen Schritt weiter: Weil auch er sich als unwürdig des hohen Gastes empfindet, bittet er Jesus selbst, ihn und sein Herz »aus Güte und Erbarmen« zu bereiten, bevor er darin einzieht. Doch wie bereitet man sein Herz?

»Bereitet doch beizeiten«

Diese Frage stellt sich nicht nur vor Weihnachten, sondern immer auch dann, wenn der Gast Jesus in der Kommunion zu einem kommt. Der »Katechismus der Katholischen Kirche« (1997) schreibt dazu: »Um sich auf den Empfang dieses Sakramentes richtig vorzubereiten, werden die Gläubigen das in ihrer Kirche vorgeschriebene Fasten beobachten. In der Haltung (Gesten, Kleidung) werden sich die Ehrfurcht, die Feierlichkeit und die Freude äußern, die diesem Moment entsprechen, in dem Christus unser Gast wird« (1387). Das angesprochene Fasten meint in erster Linie die Nüchternheit, die es als Regel immer noch gibt, auch wenn sie sehr vereinfacht wurde. Aber hier ist der Hintergrund der ausgeprägten Bußthematik zu sehen und zu verstehen, die früher die Adventszeit prägte. Vielleicht ist das Wort Buße (wie auch die kirchliche Form) unpopulär geworden in den letzten Jahrzehnten. Vielleicht bedarf es anderer Begriffe. Thilo spricht in seinem Lied davon, sich mit Freude zu rüsten, das Herz in sich zu bestellen, dem Herrn den Weg zu bereiten. Wer vorher auf etwas verzichtet, kann zum Fest umso größere Freude erfahren. Wer um seine Unwürdigkeit weiß und sie auch ausdrückt, kann überraschenden Zuspruch erfahren. Wer anderen anders begegnet, kann in ihnen mehr erkennen.

Das alles geht nicht nebenbei und kurz vor knapp – bereitet »beizeiten«, sagt es das Lied, denn: »Jetzt ist die Zeit, jetzt ist die Stunde, heute wird getan oder auch vertan, worauf es ankommt, wenn er kommt.«

11.

Wir sagen euch an den lieben Advent

GL 223, EG 17

1. Wir sagen euch an den lieben Advent
Sehet, die erste Kerze brennt!
Wir sagen euch an eine heilige Zeit.
Machet dem Herrn den Weg bereit!
Freut euch, ihr Christen! Freuet euch sehr.
Schon ist nahe der Herr.

2. Wir sagen euch an den lieben Advent.
Sehet, die zweite Kerze brennt.
So nehmet euch eins um das andere an,
wie auch der Herr an uns getan!
Freut euch, ihr Christen! Freuet euch sehr.
Schon ist nahe der Herr.

3. Wir sagen euch an den lieben Advent.
Sehet, die dritte Kerze brennt.
Nun tragt eurer Güte hellen Schein
weit in die dunkle Welt hinein.
Freut euch, ihr Christen! Freuet euch sehr.
Schon ist nahe der Herr.

4. Wir sagen euch an den lieben Advent.
Sehet, die vierte Kerze brennt.
Gott selber wird kommen, er zögert nicht.
Auf, auf, ihr Herzen, werdet licht.
Freut euch, ihr Christen! Freuet euch sehr.
Schon ist nahe der Herr.

Maria Ferschl, 1954

Steigende Spannung – wachsende Erwartung

Wir sagen euch an den lieben Advent

Von Zahlen und vom Zählen handelt dieses Lied: »Sehet, die erste, zweite, dritte, vierte Kerze brennt ...« Auf eine ganz andere Zählung, die mit dem Advent verbunden ist, spielt das Bild an: die Volkszählung in Betlehem.

Doch mit dem Zählen ist das bekanntlich so eine Sache - und besonders im Advent. Selten sind Zahlen so wichtig wie gerade in den Tagen vor Weihnachten. Kaum ein Fest - vom eigenen Geburtstag einmal abgesehen - wird von den Menschen mit so viel Spannung erwartet wie Weihnachten. Daher war es schon früher üblich, die so langsam vergehende Zeit bis Weihnachten sichtbar zu machen: durch Striche an der Tür oder am Bettpfosten, von denen an jedem Tag einer weggewischt wurde; durch Strohhalme, die in eine leere Krippe gelegt wurden und anderes mehr. Solche Arten von »Adventskalendern« begegnen uns bereits im 19. Jahrhundert. In evangelischen Kreisen gab es den Brauch des Adventsbaumes, eines im Advent aufgestellten Tannenbaumes, der durch Lichter und angehängte Sprüche aus den biblischen Büchern, die sich auf das Kommen des Herrn beziehen, täglich mehr geschmückt wurde. Eine besondere Art der Zählung der Tage im Advent stellt auch der Adventskranz dar, der Mitte des 19. Jahrhunderts im sogenannten »Rauhen Haus« in Hamburg entstand - ursprünglich ein großer Reifen mit 24 Kerzen, von denen jeden Tag eine mehr entzündet wurde. Mit der Zeit reduzierte sich die Zahl der Kerzen auf vier, die für die vier Adventssonntage und -wochen stehen und die auch in unserem Lied entzündet werden.

»Alles hat seine Zeit. Advent ist im Dezember«, lautet eine Initiative der Evangelischen Kirche in Deutschland. Das stimmt - und stimmt auch wieder nicht, denn manchmal ist Advent auch im November. Nicht immer beginnt er mit dem 1. Dezember, wie uns die Adventskalender glauben machen wollen. Es hängt - vom Kalender ab, auf welchen Tag das Weihnachtsfest am 25. Dezember fällt. Immer gehen ihm nämlich vier Sonntage voraus. Der letzte, der vierte kann noch auf den 24. fallen - dann beginnt der erste Advent am 3. Dezember. Fällt der vierte Adventssonntag hingegen auf den 18. Dezember, dann beginnt der Advent am 27. November. So unterschiedlich lang kann die Adventszeit also ausfallen - mal etwas mehr als drei Wochen, mal ganze vier Wochen. Aber immer umfasst sie vier Sonntage.

Zumindest bei uns. In der norditalienischen Bischofsstadt und der ganzen Erzdiözese Mailand, wo der alte, von Rom unabhängige »Ambrosianische Ritus« gepflegt wird, gibt es einen sechswöchigen Advent, der in jedem Fall schon im November beginnt. Und der Adventskranz, der sich auch dort verbreitet hat, trägt sechs Kerzen - nicht der einzige Unterschied zur römisch-katholischen Liturgie.

Die orthodoxen Christen kennen keinen Advent in unserem Sinne, aber sie halten eine Fastenzeit vor dem Weihnachtsfest, die ebenfalls bereits im November beginnt, nach dem Fest des Apostels Philippus am 14. November und von daher ihren Namen hat: Philippus-Fasten. Und noch weiter zurück führt die alte Fastenzeit in der gallischen Kirche des Altertums, die mit dem Martinstag am 11. November begann und »*Quadragesima Sancti Martini*« genannt wurde. Sie umfasste vierzig Fastentage, die auf das Fest der Geburt Christi hinführten, das damals in

Gallien nach östlichem Vorbild am 6. Januar gefeiert wurde. Das sind 56 Tage, acht Wochen, in denen aber die Sonn- und Samstage vom Fasten ausgenommen waren, sodass genau 40 Tage blieben. Als später das Weihnachtsfest auch hier am 25. Dezember gefeiert wurde, verkürzte sich diese Fastenzeit. Für manche Menschen beginnt auch heute die Zeit der adventlich-weihnachtlichen Tage, die vom Licht geprägt sind, mit dem Martinstag am 11. November. Und in gewisser Weise nimmt der heilige Martin, der als junger Soldat seinen Mantel mit einem Bettler geteilt hat, ja etwas von der Botschaft des Weihnachtsfestes voraus, an dem wir die Menschwerdung des Gottessohnes feiern, der seine Gottheit nicht für sich behielt, sondern Menschennatur und -schicksal mit uns teilte.

Steigende Spannung

Der Adventskranz und Lieder wie »Wir sagen euch an« helfen mit, die Adventszeit zu gliedern. Die Adventskalender drücken die Spannung dieser Wochen aus und erhöhen sie auch noch. Die Erfindung der Adventskalender, wie sie auch heute noch in Gebrauch sind, ist eng mit dem Drucker und Verleger Gerhard Lang verbunden, der 1908 den ersten Kalender »Im Lande des Christkinds« herausgab. Innerhalb weniger Jahre baute er seine Idee marktkräftig aus, und bis heute sind Adventskalender als Massenprodukt der Vorweihnachtszeit nicht wegzudenken.

Doch die steigende Spannung gibt es auch in der Liturgie: Einen gewissermaßen »liturgischen Adventskalender« nämlich bieten verschiedene Texte aus dem Stundengebet der katholischen Kirche vor allem der letzten Adventstage. Deutlich wird an ihnen, wie die Spannung vor der Feier der Geburt des Herrn immer mehr steigt: »Nahe ist der Herr«, »ganz nahe« »noch fünf

Tage«, »noch einen Tag«, »morgen« - und am 25. Dezember heißt es dann endlich: »heute!«

Am Fünfundzwanzigsten? Die meisten Adventskalender zeigen schon hinter dem vierundzwanzigsten Türchen die Krippe mit Maria und Josef. Meist gibt es ja an dem Tag abends auch die Bescherung. Tatsächlich hat sich bei uns vielfach die Vorstellung eingeschlichen, der vierundzwanzigste Dezember sei Weihnachten. Es ist aber »nur« der Heilige Abend, der Vorabend von Weihnachten. Und da die Geburt Christi, auf die sich die Adventskalender beziehen, am 25. Dezember gefeiert wird, gibt es inzwischen sogar Adventskalender mit fünfundzwanzig Türchen.

Wachsende Erwartung

Noch einmal zurück zu unserem Lied. »Wir sagen euch an den lieben Advent« ist nicht einfach nur ein Zähl- und Ansagelied für jede der vier Adventswochen für Kinder, auch wenn es sich seit 1954 vor allem über Kindergärten und Schulen verbreitet hat. Es wäre ja sehr wenig, wenn man nur die verstreichende Zeit zählen wollte. Es drückt vielmehr aus, was es mit dieser »heiligen Zeit« auf sich hat, und ist damit eine Hilfe für alle Gläubigen. Sätze aus den Schriftlesungen der Sonntage zeigen, dass es gar nicht so sehr um die Vorbereitung auf das Weihnachtsfest geht - im Advent geht es um das Kommen Gottes in unser Leben: »Bereitet den Herrn den Weg«, hören wir Johannes den Täufer rufen. Das geschieht in uns selbst - und in unserem Umgang mit den Mitmenschen. In den guten Werken sollen wir unser Licht leuchten und damit auch Gottes Güte aufscheinen lassen, wie es Jesus in seiner Bergpredigt sagte. Erst die vierte Strophe nimmt das Kommen Gottes näher in den Blick - wie sich ja auch erst der vierte Adventssonntag dem Fest der Geburt Christi zuwendet. Und alle vier Strophen münden in den Kehrvers, der dem Eröffnungsgesang des dritten Adventssonntages »Gaudete« entlehnt ist. Er ist nicht nur in diesem Lied, sondern überhaupt ein großer Refrain der Adventszeit: »Freut euch, ihr Christen, freuet euch sehr - schon ist nahe der Herr!«

12.

Lobt Gott, ihr Christen

GL 247, EG 27

1. Lobt Gott, ihr Christen alle gleich,
in seinem höchsten Thron,
der heut schließt auf sein Himmelreich
und schenkt uns seinen Sohn,
und schenkt uns seinen Sohn.

2. Er kommt aus seines Vaters Schoß
und wird ein Kindlein klein;
er liegt dort elend, nackt und bloß
in einem Krippelein,
in einem Krippelein.

3. Entäußert sich all seiner Gwalt,
wird niedrig und gering
und nimmt an eines Knechts Gestalt,
der Schöpfer aller Ding,
der Schöpfer aller Ding.

4. Heut schließt er wieder auf die Tür
zum schönen Paradeis;
der Kerub steht nicht mehr dafür.
Gott sei Lob, Ehr und Preis,
Gott sei Lob, Ehr und Preis.

Nikolaus Herman, um 1560

Ein Wechsel auf Zukunft

Lobt Gott, ihr Christen alle gleich

Kaum jemand, der den weihnachtlichen Rummel nicht beklagt, vor allem die Veräußerlichung des Festes, die sich auch, aber nicht nur, im Kommerz ausdrückt. Wirtschaft und Handel - die Übersetzung des lateinischen Wortes *commercium* - sind seit Längerem mit dem Weihnachtsfest eng verbunden, ja sie scheinen heute, wenn man den Wirtschaftsnachrichten in den Tagen und Wochen bis Weihnachten glaubt, nachgerade das Wohl oder Wehe dieses Festes zu verantworten. Einen Großteil des *commerciums* macht dabei das Geschäft mit den Geschenken aus - das gehört zwar nicht ursprünglich zu Weihnachten, aber doch auch schon seit geraumer Zeit. Schon bei den Römern war der Beginn des neuen Jahres mit dem Austausch von Geschenken verbunden. Der Brauch blieb, als Neujahr mit Weihnachten zusammenfiel. So können wir in der Familienchronik des Kölner Ratsherrn Hermann Weinsberg lesen, dass er noch 1580 am Heiligabend die Familienmitglieder und das Gesinde nach dem gemeinsamen Mittagessen beschenkte, ihnen für das alte Jahr dankte und ein glückseliges neues Jahr wünschte.

Es wäre allerdings nicht richtig, wollte man den Kommerz rund um Weihnachten nur äußerlich und wirtschaftlich und damit kritisch betrachten. Denn der Handel und Austausch spielt auch in der inhaltlichen Bedeutung dieses Festes eine Rolle, ja wird sogar besungen. Und auch das neue Jahr spielt dabei eine Rolle.

Wie andere große Feste auch erhielt das Weihnachtsfest im Laufe der Zeit eine Oktav, das heißt eine Feier über acht Tage hinweg. Der Oktavtag, genau eine Woche nach dem Fest, war und ist dabei herausgehoben. In besonderer Weise hat man ihn mit Maria verbunden, was nahe liegend ist, da sie ja den Gottessohn geboren hat und so zur Mutter Gottes wurde. Solange man über das wahre Wesen dieses Kindes stritt, war auch die Bedeutung der Mutter nicht eindeutig. Doch zum Bekenntnis der wahren Gottheit Jesu kam auch die Glaubensaussage dazu, dass Maria die »Gottesgebärerin« ist, die *theotokos*, wie es griechisch heißt. Sie steht in den Texten des 1. Januar im Mittelpunkt, weshalb man annimmt, dass diese nicht lange nach dem Bekenntnis zur »Gottesgebärerin« auf dem Konzil des Jahres 431 entstanden sind: Papst Leo I., genannt »der Große« (440-461), wird sogar als Urheber vermutet.

Zu den Texten des Stundengebets an diesem Tag zählt auch eine Antiphon (Kehrvers), die bis heute in den Laudes, dem kirchlichen Morgengebet, gesungen wird: »O admirabile commercium« - »O wunderbarer Tausch! Der Schöpfer des Menschengeschlechtes hat einen beseelten Leib angenommen und sich herabgelassen, aus der Jungfrau Maria geboren zu werden. Als Mensch ging er ohne Samen hervor und hat uns seine Gottheit geschenkt.«

Der Tausch, der hier angesprochen wird, steht für das paradoxe Erlösungsgeschehen, das letztlich die Bedeutung des Leidens und Sterbens Jesu ausmacht: Jesus stirbt unseren Tod und erwirbt uns damit sein ewiges Leben. Diese Wechselseitigkeit, dieser Austausch - Gott wird Mensch, damit der Mensch Göttlichkeit empfängt - kommt auch in der genannten Antiphon mehrfach in paradoxer Redeweise zum Ausdruck: Der Schöpfer des Menschengeschlechts nimmt menschlichen Leib an; er will geboren werden aus einer Jungfrau; er wird Mensch ohne männliches Zutun; er schenkt uns seine Gottheit. Ähnliche Gedanken lassen sich, wie es Martin Herz dargestellt hat, in einer Predigt Leos des Großen finden – sie wiederum verraten Kenntnis eines Abschnitts aus den Psalmenerklärungen des Augustinus, in dem dieser das Bild Jesu als eines himmlischen Kaufmanns entwickelt hat.

Vom Kind – für die Kinder

Auch wenn die Antiphon »O admirabile commercium« verschiedentlich vertont wurde, ist ihr Inhalt vom göttlich-menschlichen Tauschgeschäft doch wohl eher weniger bekannt. Glücklicherweise aber gibt es ein bis heute häufig gesungenes Weihnachtslied, das eben diesen Gedankengang weiterentwickelt hat: Es ist das Lied »Lobt Gott, ihr Christen alle gleich« von Nikolaus Herman. Der Zeitgenosse Martin Luthers war Lehrer und Kantor im böhmischen Joachimsthal, der Stadt, deren Silberminen wir den »T(h)aler« und damit letztlich auch den »Dollar« verdanken ... Und eben auch verschiedene, bis heute gesungene Lieder von Herman, die sich in evangelischen wie katholischen Gesangbüchern gleichermaßen finden.

Seinen Liedern merkt man durchaus an, dass sie für Kinder geschrieben waren. Zusammen mit zwei anderen steht »Lobt Gott, ihr Christen« unter der Überschrift »Drei geistliche Weihnachtlieder vom neugeborenen Kindlein Jesu, für die Kinder im Joachimsthal«. »Vom Kindlein – für die Kinder«: Schon diese Überschrift verrät das Ziel seiner Verkündigung: Gott ist ein Kind geworden – wie die, die davon singen; der Wechsel und Austausch kündigt sich darin schon an. Ursprünglich hat das

Lied acht Strophen. Sechs davon stehen noch heute im Evangelischen Gesangbuch, nur noch vier in der Fassung des Gotteslobes – unverständlicherweise, denn gerade die fortgelassenen Strophen entwickeln das Bild des weihnachtlichen Commerciums.

Das mag ein Wechsel sein!

Auch Herman verwendet zunächst das alte Bild aus dem Philipperhymnus, um sein Verkündigungsziel zu illustrieren: Gott wird Kind. »Er entäußert sich all seiner Gewalt, wird niedrig und gering, nimmt an eine Knechtsgestalt« (Phil 2,6–11). Aber Herman fährt nicht fort, wie man es aus dem Philipperhymnus erwartet: Der sich Erniedrigende wird erhöht. Vielmehr wechselt bei ihm im Sinne des göttlich-menschlichen Austauschs die Person: Erhöht wird der Mensch!

> »Er wechselt mit uns wunderlich:
> Fleisch und Blut nimmt er an,
> und gibt uns in seins Vaters Reich
> die klare Gottheit dran.«

Indem sich der Eine erniedrigt, wird der Andere erhöht:

> »Er wird ein Knecht und ich ein Herr,
> das mag ein Wechsel sein!
> Wie könnt es doch sein freundlicher
> das herze Jesulein.«

Dem gottesdienstlich geübten Ohr mögen hier Passagen aus dem österlichen Exsultet anklingen, in dem es ähnlich heißt:

»Um den Knecht zu erlösen, gabst du den Sohn dahin.« Um zu erfassen, was diese Aussage für einen Menschen der ausgehenden Antike, in der das Exsultet entstand, bedeutete, muss man sich die Stellung von Sohn und Knecht vor Augen halten: Der in der sozialen Hierarchie der antiken Großfamilie nach dem Familienoberhaupt ganz oben stehende Sohn wird dahingegeben, um einen mehr oder weniger wertlosen Sklaven - mehr Ware als Mensch - freizukaufen. »Unschätzbar« wird diese darin zum Ausdruck kommende Liebe Gottes zu den Menschen im Exsultet genannt, »bewundernswert« der Wechsel von göttlicher und menschlicher Natur in der oben genannten Antiphon, »wunderlich« das paradoxe Geschehen der Knechtwerdung des Herrn und der Herrwerdung des Knechtes in Nikolaus Hermans Lied. Das nur selten verwendete Ausrufungszeichen nach den Worten »Das mag ein Wechsel sein!« unterstreicht noch das nachhaltige Staunen Hermans ob der Unfassbarkeit des Geschehens.

Durch diesen Wechsel ist die Trennung, die mit der Vertreibung des Menschen aus dem Paradies zwischen Gott und dem Menschen bestand, aufgehoben. Der verlorene Mensch wird zurückgerufen in das Reich des Friedens, wie es in einer Weihnachtspräfation heißt. Der Engel mit dem Flammenschwert, der über diese Trennung wachte, steht nicht mehr vor der Tür des Paradieses. Mit dem »Heute« des Weihnachtsfestes, das nicht das Datum, sondern die vergegenwärtigende Feier meint, ist der Zugang zu Gott, der einst mit »Schloss und Riegel« versperrt war, wieder offen.

Kinder als Verkünder

Es kommt nicht von ungefähr, dass Herman sein Lied für die Kinder geschrieben hat; in der Reformation spielten die Lieder - aber auch kurze und einprägsame Gedichte - eine wichtige Rolle, weil mit ihnen den Kindern der Glaubensstoff vermittelt und eingeprägt werden sollte. Andere Autoren dieser Zeit verfassen Gesänge und Gebete für die »Hausväter und ihre Kinder«, denn der »Hausvater«, der *pater familias*, hatte die wichtige geistliche Aufgabe, das Glaubensleben seiner Kinder (und des Gesindes) anzuleiten und zu überprüfen. Und dabei griff man eben auch auf das Lied zurück, das wegen seiner poetischen Form gegenüber dem Prosatext etwa eines Katechismus den Glaubensstoff leichter lernen und behalten lässt. Das Lied »Lobt Gott, ihr Christen« war übrigens ursprünglich ein weltliches Tanzlied, dem Herman diesen christlichen Text unterlegte - noch ein Kunstgriff, um den Inhalt mittels bekannter Melodie besser einzuprägen. Er wurde auch von anderen Dichtern nicht zuletzt der Kinder wegen öfter gebraucht. So stellt das Lied nicht nur eine eigene Form der Verkündigung dar, die Kinder sollen mit seiner Hilfe auch zum Glauben geführt und zur späteren eigenen Verkündigung befähigt werden. Wenn man so will, auch ein *admirabile commercium*, ein guter Wechsel auf Zukunft hin!

13.

Weil Gott in tiefster Nacht erschienen

EG 56

Refr.: Weil Gott in tiefster Nacht erschienen,
kann unsre Nacht nicht traurig sein!

1. Der immer schon uns nahe war,
stellt sich als Mensch den Menschen dar.

2. Bist du der eignen Rätsel müd?
Es kommt, der alles kennt und sieht!

3. Er sieht dein Leben unverhüllt,
zeigt dir zugleich dein neues Bild.

4. Nimm an des Christus Freundlichkeit,
trag seinen Frieden in die Zeit!

5. Schreckt dich der Menschen Widerstand,
bleib ihnen dennoch zugewandt!

Refr.: Weil Gott in tiefster Nacht erschienen,
kann unsre Nacht nicht endlos sein!

Dieter Trautwein, 1963

Den Menschen zugewandt

Weil Gott in tiefster Nacht erschienen

Wann eigentlich ist »tiefste Nacht«? Ist es die Mitte der Nacht, also genau zwischen Nachtanbruch und -ende? Oder ist es die Zeit nach Mitternacht, die man im Aberglauben früher gern mit allerlei Spuk, Geistern und Gefahren verband? Im Lateinischen wird diese Phase der Nacht »*intempesta*« genannt, »Un-Zeit«, die keiner Ordnung unterliegt, ein quasi zeit- und rechtsfreier Raum. Oder ist es die Zeit des tiefsten Schlafes, aus dem herausgerissen man zuerst meist völlig desorientiert ist? Dann freilich lässt sich eine allgemeine »tiefste Nachtzeit« uhrzeitlich nicht festlegen. Sie bleibt dem jeweiligen Empfinden der Menschen unterworfen, da die nächtlichen Schlafenszeiten individuell sehr verschieden sind.

Wann ist die längste Nacht? Darauf lässt sich schon eher eine allgemeingültige Antwort geben, da sie astronomisch berechenbar ist. Es ist die Zeit der Wintersonnwende, wenn die Sonne ihren tiefsten Stand erreicht hat und mithin der kürzeste Tag und die längste Nacht herrschen. In der Mitteleuropäischen Zeitzone ist das gegenwärtig entweder der 21. oder 22. Dezember. Weil das astronomische Jahr und das Kalenderjahr aber ungleich lang sind (wenn auch nur minimal), hat sich der Termin der Wintersonnwende im Laufe der Jahrhunderte verschoben. Bei seiner Kalenderreform hatte ihn Julius Caesar auf den 25. Dezember festgesetzt. Doch im Laufe der Zeit wanderte der Termin der Sonnwende immer weiter nach vorne – etwa um einen Tag pro Jahrhundert. Zur Zeit des Konzils von Nicäa im 4. Jahrhundert war die Wintersonnwende am 21. Dezember – das ist auch der Stand, den die gregorianische Kalenderreform im 16. Jahrhundert wiederherstellte und der, wie gesehen, weitgehend bis heute gilt.

Vor dieser Reform war am 13. Dezember die längste Nacht des Jahres, Wintersonnwende. Zufällig ist dies auch derjenige Tag, an dem in der Kirche der heiligen Märtyrin Lucia gedacht wird. Und viel von den Lichtbräuchen, die sich um ihre Person entwickelt haben, mag von der Dunkelheit der längsten Nacht herrühren. Und wie passend: Der Name Lucia kommt vom lateinischen Wort für Licht, *lux*. Er lässt sich als »die Leuchtende« übersetzen, wie es auch in der »Legenda aurea« des Jacobus von Voragine geschieht: »Lucia ist gesprochen ein Licht.« Ein leuchtendes Licht in der längsten Nacht – das ist ein ganz und gar weihnachtliches Motiv, das uns auch in vielen Liedern der Advents- und Weihnachtszeit, der bei uns dunklen Phase des Jahres, begegnet.

Wie Licht in der Nacht: die heilige Lucia

Aus dem Leben Lucias wissen wir, ähnlich wie bei Nikolaus oder Barbara, nur sehr wenig, auch wenn sie sicher gelebt hat. In Syrakus hat man 1894 ihre Grabstelle wieder aufgefunden, eine Grabinschrift in der San Giovanni-Katakombe in Syrakus zeigt ihre Verehrung schon im 4. Jahrhundert. Lucia von Syrakus auf Sizilien gehört in die Reihe der zahlreichen Frauen, Männer und Kinder, die zu Beginn des 4. Jahrhunderts in einer der letzten großen Christenverfolgungen ihr Leben ließen. Zumeist können wir nur wenig über ihr Glaubenszeugnis sagen. Wo die Daten fehlen, ergänzt die Legende, schmückt aus und fördert die tiefere Wahrheit ans Licht. Danach wollte Lucia, die schon als Kind zum Glauben kam, ganz Christus angehören und verweigerte sich einer geplanten Verheiratung. Der verschmähte Bräutigam denunzierte sie als Christin und überantwortete sie so letztlich der Hinrichtung. Das findet sich in mehreren Überlieferungen von Heiligenleben dieser Zeit, und ganz sicher zeigt sich hier auch die Erfahrung der frühen Christen, dass der neue Glaube nicht nur vonseiten der Staatsmacht bekämpft wurde, sondern oft sogar unmittelbar von nahen Freunden und Angehörigen.

Der Bräutigam nahm außerdem Anstoß daran, dass Lucia sich der Armen und Kranken sowie bereits gefangen genommener Christinnen und Christen annahm und dafür sogar ihr Erbe einsetzte. Hieran knüpft der Brauch der Lichterkrone an, die in Schweden (aber zunehmend auch bei uns) am Luciatag junge Mädchen, die als Lucienbräute auftreten, auf dem Kopf tragen: Weil sie bei ihren Diensten im Gefängnis die Hände frei haben musste, hätte Lucia das nötige Licht in einem Lichterkranz auf den Haupt getragen – eine fromme und schöne, aber sehr zweifelhafte Herleitung, die man leider nur zu gern auch in kirchlichen Kreisen verwendet.

Denn auch ohne Lichterkranz kann Lucias Dienst an den Menschen ganz im Sinne des Wortes Jesu gedeutet werden, dass man sein Licht »nicht unter den Scheffel«, sondern auf einen Leuchter stellen soll: »So soll euer Licht vor den Menschen leuchten, damit sie eure guten Werke sehen und euren Vater im Himmel preisen« (Mt 5,16). Die Liebe zu den Menschen, die sich im Dienst aneinander ausdrückt, nimmt Maß an der Liebe Gottes zu uns, die in der Menschwerdung seines Sohnes Hand und Fuß bekam.

Weil Gott in tiefster Nacht erschienen

Doch noch einmal zurück zur Weihnacht, die ja zugleich die tiefste und zugleich lichtvollste Nacht symbolisiert. 1963 schrieb der evangelische Pfarrer Dieter Trautwein ein Lied für einen ökumenischen Weihnachtsgottesdienst mit evangelischen und griechisch-orthodoxen Christen. Weil die verschiedenen Konfessionen ihre jeweiligen Weihnachtslieder nicht kennen und mitsingen können, verfasste Trautwein ein neues, melodisch einfaches Lied, das durch den Kehrvers auch leicht von allen mitzusingen ist: »Weil Gott in tiefster Nacht erschienen«.

Es ist ein Weihnachtslied - und wiederum auch nicht nur, denn nicht das Geschehen in Betlehem wird besungen, sondern lediglich eine Welt vorausgesetzt, die seither aus dem Glauben an die Menschwerdung Gottes eine andere ist und sein soll. »Weil Gott in tiefster Nacht erschienen, kann unsre Nacht nicht traurig sein«, so lautet der Kehrvers für die ersten vier Strophen. Die »tiefste Nacht« nimmt Bezug auf die Zeitangabe des Lukasevangeliums, nach der die Hirten auf den Feldern in Betlehem Nachtwache hielten, als Jesus geboren wurde - und auf jene Stelle im alttestamentlichen Buch der Weisheit, in der es heißt, dass Gottes Wort zur Mitte der Nacht von Gottes Thron auf die Erde sprang (Weish 18,14-15). Und zugleich steht diese Zeit auch für die Trostlosigkeit, die Traurigkeit der Welt.

Das Wort »traurig« erstaunt vielleicht, denn man hätte ja eher »finster« oder »dunkel« als Beschreibung der tiefsten Nacht erwartet. Aber »traurig« meint den Zustand der Welt und der Menschen ohne Hoffnung, ohne Trost, ohne Freude. Von einer erschöpften, ermatteten, kranken Welt, *mundum languidum* spricht der alte Adventshymnus »Conditor alme siderum« (»Gott heilger Schöpfer aller Stern«) - auch das ein Bild für die Ausweglosigkeit einer Welt, die ohne Gottes Menschwerdung keine Perspektive für unsere Erlösung bietet.

Von uns und unseren neuen Perspektiven sprechen dann die ersten drei Strophen: Die Menschwerdung Gottes ist wirklich eine Mensch-werdung, nicht die Erscheinung einer entrückten

Gottheit. Eine Begegnung auf Augenhöhe vollzieht sich in ihr; Gott kommt als Sterblicher, stellt sich uns als Verletzbarer, ja als Hilfsbedürftiger dar. Auch wenn wir ihn nun in Jesus Christus be-greifen können - nahe, das heißt den Menschen zugewandt, war Gott uns stets.

Zugleich erscheint uns in Jesus Christus das Bild des neuen Menschen, wie der todverfallene Adam das Bild des alten Menschen ist. Auf ihn hin, das Gleichbild des ewigen Gottes, sind wir geschaffen, ihn ziehen wir wie ein Gewand bei der Taufe an, um neue Schöpfung zu werden.

Nicht nur die Fragen nach dem Woher und Wohin, nach dem Sinn des Lebens, können in Jesus beantwortet werden, der von sich sagt, dass er Weg, Wahrheit und Leben ist. Er will und kann auch den Menschen in seinem Widerspruch mit sich selbst versöhnen.

All das hat Konsequenzen. Und so sind die beiden letzten Strophen eine Aufforderung an uns, Jesus Christus gleich zu werden, der uns Menschen gleich wurde. Wir sollen selbst ein Bild der Güte und Menschenliebe Gottes werden, die uns in ihm erschienen ist. Wir sollen den Frieden leben, der uns bei Geburt Jesu verkündet wurde. Wie Gott uns schon immer nahe war, so sollen auch wir den Menschen zugewandt sein - gegen alle Widerstände sogar.

Schreckt dich der Menschen Widerstand

Nicht nur biblische Motive klingen in dem Lied an, auch die damalige politische Situation zur Zeit seiner Entstehung während des »Kalten Krieges«, wie Dieter Trautwein es selbst beschrieben hat. Die fünfte und letzte Strophe entstand erst kurz vor Weihnachten 1963, als er auf einer Konferenz in Ostberlin von den

Schwierigkeiten der Jungen Gemeinde mit den DDR-Behörden hörte. Und auch sein Lied bekam dies zu spüren. Als es ein Jahr später für eine Adventsfeier in der Dresdener Kreuzkirche abgedruckt werden sollte und der dortige Pfarrer um Abdruckerlaubnis nachsuchte, wurde ihm abschlägig beschieden: »Hier gibt es keine tiefste Nacht!«

Wider alle Widerstände den Menschen zugewandt bleiben: Die heilige Lucia blieb bis in ihre letzten Lebenstage hinein bei den Menschen. Staatlicher Widerstand konnte sie von ihrem Glauben an den Bräutigam Jesus Christus nicht abbringen. Und in ihrer Liebe zu den Armen wurde sie zu seinem Bild, zu einem Widerschein seines Lichtes. Menschen wie Lucia sind ein Unterpfand unserer Hoffnung, dass auch unsere Nacht nicht endlos ist.

14.

Brüder, ruft in Freude

Refr.: Brüder, ruft in Freude, ja, der Herr ist nah,
Herr ist nah, Herr ist nah!
Brüder, ruft in Freude, ja, der Herr ist nah,
ja er ist uns jetzt schon nah.

1. Um gar nichts macht euch Sorgen,
denn nie seid ihr allein.
Im Bittgebete sagt es Gott
und dankt ihm schon dabei.

2. In Güte lebt zusammen,
auch wo man euch bedrängt;
die Nähe Gottes macht euch stark -
und Gott ist's, der euch lenkt.

3. Die Freundschaft Gottes trägt euch ja,
gibt Frieden eurem Herz.
Sein Friede macht euch froh und frei,
lässt froh sein auch im Schmerz.

Lutz Hoffmann, Karl Norres, Franz Mausberg,
Leo Schuhen, 1964

Gaudete, Rosa und viel Rhythmus

Brüder, ruft in Freude, ja, der Herr ist da

Am dritten Adventssonntag leuchtet schon etwas von weihnachtlicher Freude auf – so kann man es immer wieder lesen oder im Gottesdienst hören. Zumindest leuchtet einem hier ein helles, freundliches Rosa entgegen, statt des bußhaften Violett, der Farbe der liturgischen Gewänder in der österlichen Buß- wie auch Adventszeit. »Gaudete« heißt dieser dritte Adventssonntag auch, nach seinem lateinischen Eröffnungsvers »Gaudete in Domino semper« – »Freut euch im Herrn allezeit«. Ein Wort aus dem Philipperbrief des Apostels Paulus, in dem er seine Freude über die bald zu erwartende Wiederkunft des Herrn ausdrückt (Phil 4,4–5). So scheint das Rosa zu »Gaudete« zu passen, ein fröhliches Lied wie »Brüder, ruft in Freude, ja der Herr ist da« zur Vorfreude auf das Weihnachtsfest. Aber da stellen sich noch ein paar Fragen, zum Beispiel die nach der Farbe.

Zunächst einmal gehört die rosa Farbe der liturgischen Gewänder nämlich zum vierten Fastensonntag. Auch hier wird das Violett wenige Wochen vor dem großen Fest, auf das man zugeht, aufgehellt. Dieser Sonntag trägt den Namen »Laetare« – ebenfalls von seinem lateinischen Eröffnungsvers her: »Laetare Ierusalem«, »Freue dich, Jerusalem«. Dieses Rosa hat eine besondere Bedeutung. Es rührt daher, dass an diesem Sonntag vom 11. Jahrhundert an die sogenannte »Goldene Rose« (»Rosa aurea«) gesegnet wurde, die der Papst einer Person oder Institution verlieh, die sich um die Kirche besonders verdient gemacht hatte. Ursprünglich waren diese Auszeichnung und ihr Zeichen, ein aus Silber gefertigter vergoldeter Rosenstrauch, Männern vorbehalten gewesen. Als sie später auch auf Frauen überging, nannte man sie meist »Tugendrose«. Der Brauch, diese »Tugendrose« an

Frauen zu vergeben, reicht bis in unsere Zeit. Papst Johannes Paul II. und Papst Benedikt XVI. haben diese besondere Auszeichnung an einige große Wallfahrtsorte, unter ihnen Lourdes, Mariazell und Altötting, vergeben. Von der »Goldenen Rose« und der »Tugendrose« her wird der vierte Fastensonntag auch »Rosensonntag« genannt. Von dieser »Rosa aurea« stammt die Farbe Rosa – und vom Sonntag »Laetare« in der Fastenzeit wanderte sie auch auf den Sonntag »Gaudete« in der Adventszeit.

Der Herr ist nahe?

Und noch eine Frage stellt sich: Haben wir denn noch Grund zur Freude, zu eben der Freude, die den Apostel Paulus erfüllte? Denn er schreibt: »Freut euch im Herrn zu jeder Zeit! Noch einmal sage ich: Freut euch! Eure Güte werde allen Menschen bekannt. Der Herr ist nahe.« Paulus ging wohl von einer baldigen Wiederkunft des Herrn aus. Doch dieses Kommen, unter allen kosmischen Begleiterscheinungen, wie sie auch die Evangelien und vor allem die Apokalypse des Johannes schildern, ist noch immer ausgeblieben. Worauf warten wir also noch?, könnte man fragen. Und: Würden wir uns tatsächlich freuen, wenn wir wüssten, nächste Woche geht die Welt unter, weil der Herr wiederkommt? Wir haben uns ganz sicher eingerichtet mit dieser Situation einer ausstehenden Wiederkunft. Und so ist die Adventszeit, die von ihrer Entstehung doch eine Vorbereitung und Erwartung der Wiederkunft Christi war, eine meist gemütvolle, wenn nicht gar gemütliche Vorweihnachtszeit geworden – und der Aufruf zur Freude lässt sich auch gut auf das kommende Weihnachtsfest deuten, in dem es ja auch irgendwie um den Herrn geht ...

Joshua fit the battle of Jericho

Das Lied »Brüder, ruft in Freude« war das Eröffnungslied einer sogenannten Jazzmesse, die 1964 auch als Schallplatte erschien. In evangelischen Gottesdiensten gab es schon seit einigen Jahren, von England über Holland herkommend, Jazz-Gottesdienste, in denen das Instrumentarium einer Jazzcombo an die Stelle herkömmlichen Orgelspiels trat. In katholischen Kirchen dauerte es bis in die Mitte der 1960er-Jahre, bis dort Klänge, die man argwöhnisch mit lasziver Nachtbar-Musik in Verbindung brachte, erklingen durften. Die genannte Advents-Jazzmesse war keine richtige »Jazz«-Messe, die Grundlage ihrer Lieder bildeten Spirituals wie »Joshua fit the battle of Jericho«, das dem Einzugslied zugrunde lag. Dazu kamen (als Lesungslied) »Komm, Herr, dass wir dich sehen« (»Swing low, sweet chariot«), als Gabenlied »Kommt, sagt es allen Leuten« (»Go, tell it on the mountain«), als Mahllied »Mein Gott, welche Freude« (»My Lord, what a morning«) und als Auszugslied »Ja, wenn der Herr einst wiederkommt« (»Oh when the saints«). Im Wesentlichen waren es also die Propriumsgesänge des dritten Adventssonntages, und auch die Texte basierten auf diesen liturgischen Texten.

Die Freude des Tages sollte sich auch in der Musik ausdrücken. Anstelle kirchentonaler Melodien erklangen hier Gesänge, die zum Fingerschnippen anregten, die ganz bewusst dem weltlichen Alltag entnommen waren, auch wenn sie religiösen Ursprung hatten, und zudem alltagstauglich sein sollten: »Er gibt uns Sein Wort: ›Wo zwei, ja drei in meinem Namen (meinem Geiste) zusammen sind, bin ich bei ihnen‹: im Büro, auf Montage, im Stadtrat, in der Schule, im Kino, in der Krankheit, auf der Hochzeitsreise, beim Abendessen und vor allem beim gemeinsamen Opfermahl. Je mehr wir das begreifen, umso froher werden wir. – Diese Wechselgänge sprechen davon. Sie stammen aus den Messtexten des dritten Adventsonntages und ihre Melodien gehen auf alte religiöse Lieder (Spirituals) zurück, die ihres lebendigen Rhythmus' wegen auch in Schlagern aufklingen.« So der Klappentext der Schallplatte.

Mauern fielen ...

Als hätte das Spiritual »Joshua fit the battle of Jericho« auch im kirchlichen Bereich Mauern zum Einsturz gebracht: Gottesdienste mit Jazz-, Swing-, Beat- und Rockmusik bekamen in dieser Zeit in der Kirche immer häufiger Raum im wahrsten Sinne des Wortes. Auch wenn es in den Anfängen natürlich noch viele Anfeindungen und Proteste gab. Als eine billige Masche, Gläubige zu gewinnen, wurden Jazz-Gottesdienste gesehen. »Mit Speck fängt man Mäuse – mit Jazz die Jugend?«, fragte die Zeitschrift »Musik und Kirche« 1962 zweifelnd. Als bei einem von der Evangelischen Akademie Tutzing veranstalteten Wettbewerb für religiöse Schlager 1964 das Lied »Danke für diesen guten Morgen« gewann, waren Häme und Spott groß – heute hat es dieses »rhythmische Lied« sogar in das katholische Gesangbuch Gotteslob geschafft (Anhänge).

So selbstverständlich sind diese Lieder geworden, immer neue werden davon geschrieben, dass man solch ein altes wie »Brüder, ruft in Freude« nur noch selten singt. Dabei hätte es das durchaus verdient, nicht nur der einschlägigen Melodie wegen. Der Text basiert auch in seinen Strophen auf dem Philipperbrief des Apostels Paulus und will Mut machen in aller Anfechtung und Bedrängnis: »Um gar nichts macht euch Sorgen, denn nie seid ihr allein.« Eine adventliche, ja weihnachtliche Botschaft, feiern wir doch an Weihnachten, dass wir nicht allein Menschen sind, sondern der Gott-mit-uns Immanuel einer von uns wurde: Gott sei Dank.

15.

Es ist ein Ros entsprungen

GL 243, EG 30

1. Es ist ein Ros entsprungen
aus einer Wurzel zart,
wie uns die Alten sungen,
von Jesse kam die Art
und hat ein Blümlein bracht
mitten im kalten Winter
wohl zu der halben Nacht.

2. Strophe *(kath. Fassung)*
Das Röslein, das ich meine,
davon Jesaja sagt,
ist Maria, die Reine,
die uns das Blümlein bracht.
Aus Gottes ewgem Rat
hat sie ein Kind geboren
und blieb doch reine Magd.

2. Strophe *(ökum. Fassung)*
Das Blümlein, das ich meine,
davon Jesaja sagt,
hat uns gebracht alleine
Marie, die reine Magd;
aus Gottes ewgem Rat
hat sie ein Kind geboren,
welches uns selig macht.

3. Das Blümelein so kleine,
das duftet uns so süß;
mit seinem hellen Scheine
vertreibt's die Finsternis.
Wahr' Mensch und wahrer Gott,
hilft uns aus allem Leide,
rettet von Sünd und Tod.

Trier, [um 1587] 1599

Rätselhaft und paradox

Es ist ein Ros entsprungen

Manche Weihnachtslieder haben es schon schwer. Sie tauchen mit verfälschtem Text in der Werbung auf (»Stille Nacht, einer wacht« – Apotheken-Notdienst) oder werden für Zeitungsschlagzeilen umgedichtet: »Süßer die Kassen nie klingeln«. Manchmal werden sie einfach auch nur falsch geschrieben. »Es ist ein Ross entsprungen« kann man tatsächlich bisweilen lesen, unbewusst – oder ganz bewusst und frech ergänzt »... aus einem Pferdstall«. Ungeziemend einem alten und ehrwürdigen Kirchenlied gegenüber?

Es liegt auch ein wenig an Text und Sprache dieses Liedes, wenn manches unverständlich bleibt. »Von Jesse kam die Art« zum Beispiel – wer weiß schon auf Anhieb, wer dieser Jesse war? So wundert es nicht, wenn in einem Buch erklärt wird, dass dieses Lied den Jesaja-Text aus Kapitel 11 aufgreift, wie es ja auch im Lied selbst heißt »von Jesse, das heißt von Jesaja, kam die Art«. Oder gar »von Jesus«, wie man auch lesen kann? Und die Zeile »wahr' Mensch und wahrer Gott« klingt, wenn man sie nur hört, verständlicher (war Mensch und wahrer Gott) als sie geschrieben gemeint ist ... Kein einfaches Lied also, und trotzdem hat es sich über Jahrhunderte gehalten und zählt zu den großen und beliebten Weihnachtsgesängen der Christenheit.

Rätselhaft

Schon seine Entstehung liegt im Dunkeln – wer ist der Verfasser? Erstmals gedruckt erscheint es 1599. Im Mainzer Gesangbuch von 1605 wird darauf verwiesen, dass es ein »alt Catholisch

Trierisch Christliedlein« sei. Möglicherweise stammt es aber aus Mainz - schon vor seinem ersten Druck findet es sich nämlich handschriftlich in einem Gebetbuch des späteren Prokurators der Mainzer Kartause. Ein Name aber überstrahlt ohnehin alles: Michael Prätorius, der dieses Lied in Gesangbüchern entdeckte und dazu seinen bis heute gesungenen vierstimmigen Chorsatz schrieb, der 1609 in seinem Sammelwerk mit Liedbearbeitungen »Musae Sioniae« erschien.

Ein »Allegorie-Lied« wird es genannt oder auch »Rätsel-Lied«, denn es wird in rätselhaften Bildern von der Geburt Jesu gesungen. Eine Rose, die aus einer Wurzel entspringt und selbst wiederum eine Blume, ein Blümlein, hervorbringt. Ist da vielleicht botanisch etwas durcheinandergeraten? Um es zu verstehen, muss man tatsächlich beim Propheten Jesaja nachschlagen, der im 11. Kapitel seines Buches dem abgestorben scheinenden Herrscherhaus Davids Zukunft verheißt: »Doch aus dem Baumstumpf Isais wächst ein Reis hervor, ein junger Trieb aus seinen Wurzeln bringt Frucht. Der Geist des Herrn lässt sich nieder auf ihm: der Geist der Weisheit und der Einsicht, der Geist des Rates und der Stärke, der Geist der Erkenntnis und der Gottesfurcht« (Jes 11,1). Und damit ist auch zumindest erklärt, um wen es sich bei »Jesse« handelt. Gemeint ist damit Isai, der Vater des Königs David; Martin Luther übersetzte den Namen so, wenn er etwa im Stammbaum Jesu (Mt 1) schreibt: »Jesse zeugete den König David. Der König David zeugete Salomon.«

Das Reis aus der Wurzel Jesse

Aus diesem zitierten Jesajavers erklärt sich aber dann auch das scheinbare botanische Rätsel. Die »Rose« ist eigentlich das »Reis«, ein Zweig also (im Wort »Reisig« oder »Reiser« steckt dieses Wort noch drin), eine Gerte, ein Trieb, der aber wiederum eine Blüte trägt. »Seht, der schönsten Rose Flor, Halleluja, sprießt aus Jesses Zweig empor«, heißt es ähnlich ein einem anderen Weihnachtslied (»Freu dich, Erd und Sternenzelt«). Der uns unbekannte Dichter lässt uns ohnehin nicht zu lange im Ungewissen, auf wen er das Reis, die Rose, deutet. Schon in der zweiten Strophe löst er das Rätsel der ersten auf: »Maria, die Reine, die uns das Blümlein bracht«. Als »Reis aus der Wurzel Jesse« wird Maria auch in den Grüssauer Marienrufen angesprochen (Gotteslob 568). Es trifft sich gut, dass der Zweig, das Reis, lateinisch »virga« heißt und damit auch Anklänge liefert zu *virgo*, der Jungfrau. Ohne das Wort zu gebrauchen, wird Maria in dieser 2. Strophe auch als Jungfrau beschrieben, nämlich als »reine Magd«, die sie auch nach der Geburt blieb.

Hier unterscheiden sich freilich katholische und evangelische Fassungen des Liedes. Anstelle der reinen Magd Maria wie im katholischen Gotteslob verweist das Evangelische Gesangbuch auf das Kind, das sie geboren hat und »welches uns selig macht«. Diese Fassung findet sich bereits als handschriftlicher Eintrag im Original. Und sie hatte auch Eingang in das erste Gotteslob von 1975 gefunden, wo die zweite Strophe auch in dieser »ökumenischen« Alternative angeboten wurde. Übrigens fehlt ausgerechnet diese letzte Zeile der 2. Strophe in dem gedruckten Chorsatz des Michael Prätorius – rätselhaft.

Paradoxe Aussagen

Doch bleiben wir noch bei der ersten Strophe. Was uns heute so glatt von den Lippen kommt, ist ja auch eine paradoxe Aussage: »Mitten im kalten Winter« bringt diese vermeintlich tote Baumwurzel nochmals einen Trieb hervor – und die Blüte erscheint im Dunkeln, »wohl zu der halben Nacht«. Was botanisch wieder eher unmöglich klingt, löst sich vor der biblischen Deutung der Menschwerdung Jesu. Denn die »halbe Nacht« meint nichts anders als die Mitternacht. Von ihr spricht bereits das alttestamentliche Buch der Weisheit, in dem das Kommen eines Retters zur Mitte der Nacht beschrieben wird: »Als tiefes Schweigen das All umfing und die Nacht bis zur Mitte gelangt war, da sprang dein allmächtiges Wort vom Himmel, vom königlichen Thron herab als harter Krieger mitten in das dem Verderben geweihte Land. Es trug das scharfe Schwert deines unerbittlichen Befehls ...« (Weish 18,14). Wem erscheint hier nicht auch das Mensch gewordene Wort Gottes vor Augen, der von sich sagte, dass er nicht gekommen sei, Frieden zu bringen, sondern das Schwert? Die Mitte des kalten Winters als Zeitpunkt der Geburt Christi lässt sich zwar weniger, gut biblisch gar, belegen, ist aber durch die Wintersonnwende, mit der das Weihnachtsfest verbunden ist, gut begründet.

Bekenntnis zur Gottheit Christi

Noch einmal widmet sich der Dichter des Liedes in der dritten Strophe dem »Blümelein«, das die Rose hervorgebracht hat. So klein es auch ist, so süß duftet es, und die Finsternis nicht nur der »halben Nacht« vermag es mit seinem Schein zu vertreiben. »Duft« und »süß« und »hell« umschreiben auch die Bedeutung und Wirkung Jesu für uns. Er tut uns wohl – als »süßer Jesus« wird er in der Andachtsliteratur immer wieder angesprochen. »In ihm war das Leben und das Leben war das Licht der Menschen. Und das Licht leuchtet in der Finsternis und die Finsternis hat es nicht erfasst«, umschreibt der Evangelist Johannes die Bedeutung der Menschwerdung des Wortes Gottes (Joh 1,4–5).

Am Ende des Liedes steht ein knappes und klares Bekenntnis zu Jesus Christus: wahrer Gott vom wahren Gott - aber eben auch Mensch wie wir, unvermischt und ungeteilt, ein Mysterium. Aber nur deshalb konnte er zum Retter für die Menschen werden, zu einem, der uns aus Sünde und Tod zum ewigen Leben führen kann.

Rätselhaft und paradox: Vielleicht bezieht das Lied seinen Reiz über die Jahrhunderte hinweg gerade daraus, dass es nicht platt die Geburtsgeschichte Jesu nacherzählt, sondern diese in Bildern zeichnet, die erst auf den zweiten Blick zu erschließen sind. Heute findet sich dieses Stilmittel wieder öfter - auch im Weihnachtslied.

16.

Die Nacht ist vorgedrungen

GL 220, EG 16

1. Die Nacht ist vorgedrungen,
der Tag ist nicht mehr fern.
So sei nun Lob gesungen
dem hellen Morgenstern!
Auch wer zur Nacht geweinet,
der stimme froh mit ein.
Der Morgenstern bescheinet
auch deine Angst und Pein.

2. Dem alle Engel dienen,
wird nun ein Kind und Knecht.
Gott selber ist erschienen
zur Sühne für sein Recht.
Wer schuldig ist auf Erden,
verhüll nicht mehr sein Haupt.
Er soll errettet werden,
wenn er dem Kinde glaubt.

3. Die Nacht ist schon im Schwinden,
macht euch zum Stalle auf!
Ihr sollt das Heil dort finden,
das aller Zeiten Lauf
von Anfang an verkündet,
seit eure Schuld geschah.
Nun hat sich euch verbündet,
den Gott selbst ausersah.

4. Noch manche Nacht wird fallen
auf Menschenleid und -schuld.
Doch wandert nun mit allen
der Stern der Gotteshuld.
Beglänzt von seinem Lichte,
hält euch kein Dunkel mehr;
von Gottes Angesichte
kam euch die Rettung her.

5. Gott will im Dunkel wohnen
und hat es doch erhellt.
Als wollte er belohnen,
so richtet er die Welt.
Der sich den Erdkreis baute,
der lässt den Sünder nicht.
Wer hier dem Sohn vertraute,
kommt dort aus dem Gericht.

Jochen Klepper, 1938

»Benedetto giorno!«

Die Nacht ist vorgedrungen

Dass viele unserer Advents- und Weihnachtslieder von Schatten, Finsternis und Nacht sprechen, wundert nicht: Wir befinden uns – zumindest auf unserer Erdhalbkugel – in der dunklen Jahreszeit. Und so wird, intensiv wie sonst nicht, um das Licht, um die Sonne und um den hellen Schein des Tages gebetet. Die Kerzen werden nicht nur aufgesteckt und entzündet, sondern auch besungen, der Morgen ersehnt. Man muss wohl tiefste Dunkelheit erlebt haben, um nachvollziehen zu können, was die Menschen früherer Jahrhunderte in diesen dunklen Wintermonaten erlebt und wie sie das wachsende Licht der Sonne herbeigesehnt haben – oder aber sich in Regionen aufhalten, die noch nicht vom Licht überschwemmt sind.

In seinem Roman »Die Schrecken des Eises und der Finsternis«, der das Schicksal der österreichisch-ungarischen Polarexpedition von 1872–1874 schildert, beschreibt Christoph Ransmayr auch das Warten der im Eis eingeschlossenen Schiffsbesatzung auf das Erscheinen der Sonne über dem Horizont. Acht Monate dauerte die dunkle Polar-Winternacht, in der die Temperatur auf bis zu minus 48 Grad zurückging ... Am 19. Februar 1873 ist es dann endlich soweit. Schon Tage vorher hat sich die Sonne angekündigt – in einer verzerrten Spiegelung über dem Eis. Aber jetzt stehen sie alle da und erwarten ihr wirkliches Kommen, nur mit ihrer halben Scheibe zwar und zögernd, als wäre diese Eiswelt unwert ihres Lichtes, wie Julius Payer, einer der Expeditionsleiter, es beschrieb – doch dann: »Da, einen Augenblick, wallte eine Lichtwelle ankündigend durch den weiten Raum, und die Sonne stieg, von einer Purpurhülle umgeben, empor auf die eisige Bühne. Niemand sprach; wer hätte Worte dem

Gefühle der Erlösung geliehen, das auf jedem Antlitz leuchtete, und sich kunstlos unbewusst offenbarte in des einfachen Mannes leisem Ausruf: ›Benedetto giorno!‹«

Angst und Pein

»Die Nacht ist vorgedrungen, der Tag ist nicht mehr fern«: Nur wer wirklich tiefste Nacht und Not, Dunkelheit und Trostlosigkeit, Lichtferne und Verlassenheit spürt oder gespürt hat, kann diese Sehnsucht nach Tag, Licht, Trost und Erlösung nachvollziehen, wie Jochen Klepper sie in seinem Lied beschreibt. Nacht und Dunkel, das wird deutlich, sind hier nur eine Chiffre für die Befindlichkeit des Menschen, die in verschiedenen Bildern ausgedrückt wird: im nächtlichen Weinen, in Angst und Pein (1), im Schuldigsein und Verhüllen des Hauptes (2), im Menschenleid (4) und in der Sündhaftigkeit (5). Es ist eigene Schuld und auch das unverschuldete Leid, das einen Menschen bedrückt und niederdrückt. Es passt, dass Johannes Petzold der Melodie dieses Liedes in der Schlusszeile Anklänge an »O Haupt voll Blut und Wunden« gegeben hat - auch die Worte »Angst und Pein« stammen ja aus diesem Lied.

Und es ist naheliegend, dieses Lied auch auf das Leben Jochen Kleppers selbst hin auszulegen, es als Hoffnungslied aus eigener existenzieller Not zu verstehen. Dafür spricht auch, dass er seine Lieder meist dem unmittelbaren Erleben des Kirchenjahres folgen lässt. So ist dieser Text, den er am 18. Dezember 1937 niedergeschrieben hat (als »zweites Weihnachtslied« nach dem nur einen Tag vorher verfassten »Sieh nicht an, was du selber bist«), auf die Lesung aus dem Römerbrief des ersten Adventssonntages bezogen (Röm 13,8-12), aus der er zwei Verse in seinem geistlichen Liederbuch »Kyrie« (1938) auch dem Lied voranstellte.

Jochen Klepper, 1903 geboren, war Journalist, Lektor und Schriftsteller. Mit seinem Roman »Der Vater« über den Soldatenkönig Friedrich I. hatte er sich schon in relativ jungen Jahren hohes Ansehen erworben. In Misskredit bei den Nationalsozialisten geriet er durch die Heirat mit der verwitweten Johanna Stein, die wie ihre beiden Töchter, die sie in die Ehe mitbrachte, jüdischen Glaubens war. Bei zunehmendem Druck auf die Familie gelang es der älteren Tochter, nach Schweden zu emigrieren. Der schon bewilligte Ausreiseantrag für die jüngere Tochter Renate wurde von Adolf Eichmann persönlich verweigert. So stand ihr und Kleppers Frau vielmehr der Abtransport ins KZ bevor. Die immer auswegloser werdende Situation hat Klepper in seinem Tagebuch festgehalten.

»Die ernsten, ernsten Adventslieder«

Dieses Tagebuch hatte er seit 1932 geführt. In ihm spiegelt sich nicht nur der zunehmende Druck wider, dem er und die Familie ausgesetzt waren, sondern auch, wie er versuchte, diesem mithilfe der biblischen Botschaft standzuhalten. »Wie hellhörig hat einen die Adventszeit 1937 für ein solches Wort gemacht«, notiert er am 9. Dezember zu einem Wort Jesu aus Mt 24,12–14, in dem es um die Endzeit geht und das überhandnehmende Unrecht in ihr. Die Fragen seiner beruflichen Existenz werden in diesen letzten Wochen des Jahres immer wieder gewälzt. Wie ein Damoklesschwert hängt das Ende seines Schriftstellerdaseins über ihm, nachdem er im März des Jahres 1937 aus der »Reichsschrifttumskammer« ausgeschlossen worden war. Immer wieder müht er sich um Gespräche, spricht selbst bei den Behörden vor, wird bisweilen von den Sekretärinnen frech abgefertigt. Er verfasst sogar einen Brief an Goebbels, den er mit »Heil Hitler!« unterzeichnen musste: »Ich habe nun das Letzte auf mich genommen.« Was gibt ihm noch Hoffnung und Halt?

»Seines Glaubens leben: dies ist die letzte, einzige, größte noch gewährte Möglichkeit; und sie umschließt alles«, schreibt er am 11. Dezember, und, einen Tag später: »Die ernsten, ernsten Adventslieder, die sind mein Trost.« Und so fügt er diesen ein eigenes hinzu, eigentlich ein Weihnachtslied, wie er eine Woche später kurz notiert: »Morgendunkelheit und Morgenglocken, das prasselnde Feuer in dem großen Ofen, der Lichtschein der Laternen im Hause [...] Erst um Mittag begann die fahle Wintersonne zu leuchten [...] Ich schrieb am Nachmittag ein zweites Weihnachtslied: ›Die Nacht ist vorgedrungen.‹«

»... wandert nun mit allen der Stern der Gotteshuld«

Es fällt an diesem Lied auf, dass es nicht wirklich »hell« wird in ihm – die Sonne geht in ihm nicht auf, sie wird auch nicht erwähnt. Wie den Männern im Eis des Polarkreises erscheint hier nur der Anbruch des Tages, in Kleppers Lied der Morgenstern, der die Sonne ankündigt.

Der Morgenstern als Inbegriff der Hoffnung zieht sich als Bild durch das ganze Lied. Der Ankündigung seines Erscheinens in der ersten Strophe folgt in der zweiten der Hinweis auf seine Bedeutung: Dieser Stern verheißt Gott selbst, der zur Rettung des Menschen aus der Schuld als Kind erschienen ist. Wir finden es im Stall zu Betlehem – die dritte Strophe nennt diesen Ort auch als die Mitte der Heilsgeschichte: Führte der Stern uns (wie die Weisen damals) zu diesem Kind hin, so begleitet er uns fortan, wandert mit uns als Ausdruck der Gotteshuld, ja als menschgewordene Liebe Gottes in Jesus Christus, der mit uns auf dem Weg ist (vierte Strophe). Christus selbst wird ja als

Morgenstern bezeichnet (Offb 22,16) und besungen (»Morgenstern der finstern Nacht« – GL 372). Das Ziel dieses Weges wird schließlich in der letzten Strophe genannt: Es ist der Tag des Gerichts. Wer auf die Gnade Gottes in Jesus Christus vertraut hat, wird errettet werden.

»Gott will im Dunkel wohnen und hat es doch erhellt«

Nacht und Dunkel ziehen sich bis zum Ende durch das Lied. Bei aller christlichen Zuversicht, die Klepper in seinen Zeilen immer wieder ausdrückt, mag das wohl auch für sein Leben gelten. So lässt es sich in einem größeren Zusammenhang lesen, wenn er auch noch einen Tag vor seinem Tod schreibt: »Diese stillen, stillen, dunklen, trüben Tage. So lind, so voller Trauer des Himmels.« Ja, Gott selbst will im Dunkel wohnen – ein rätselhaftes, dunkles Wort in der letzten Strophe seines Liedes, auch wenn es biblisch ist (1 Kön 8,12). Kann man Gott nur im Dunkeln begegnen, im Leid, in der Not? »Unglück trennt nicht von Gott, nur die Sünde. Das lehren schwere Zeiten als Erstes und Letztes« (10. Dezember 1937).

Seinen letzten Tag hat er sich selbst gewählt. Und als letzter Eintrag in seinem Tagebuch steht unter dem 10. Dezember 1942: »Nachmittags die Verhandlung auf dem Sicherheitsdienst. Wir sterben nun – ach, auch das steht bei Gott –, wir gehen heute Nacht gemeinsam in den Tod. Über uns steht in den letzten Stunden das Bild des segnenden Christus, der um uns ringt. In dessen Anblick endet unser Leben.«

»Wer hier dem Sohn vertraute, kommt dort aus dem Gericht«: In diesem Glauben ist ihm und seiner Familie doch noch die Sonne aufgegangen, die Sonne, die keinen Untergang mehr kennt. Benedetto giorno!

17.

Herr, send herab uns deinen Sohn

GL 222

1. Herr, send herab uns deinen Sohn,
die Völker harren lange schon.
Send ihn, den du verheißen hast,
zu tilgen unsrer Sünden Last.

Refr.: Freu dich, freu dich, o Israel,
bald kommt zu dir Immanuel.

2. O Weisheit aus des Höchsten Mund,
die du umspannst des Weltalls Rund
und alles lenkst mit Kraft und Rat:
Komm, weise uns der Klugheit Pfad.

3. O Adonai, du starker Gott,
du gabest Mose dein Gebot
auf Sinai im Flammenschein:
Streck aus den Arm, uns zu befrein.

4. O Wurzel Jesse, Jesu Christ,
ein Zeichen aller Welt du bist,
das allen Völkern Heil verspricht:
Eil uns zu Hilfe, säume nicht.

5. O Schlüssel Davids, dessen Kraft
befreien kann aus ewger Haft:
Komm, führ uns aus des Todes Nacht,
wohin die Sünde uns gebracht.

6. O Aufgang, Glanz der Ewigkeit,
du Sonne der Gerechtigkeit:
Erleuchte doch mit deiner Pracht
die Finsternis und Todesnacht.

7. O König, Sehnsucht aller Welt,
du Eckstein, der sie eint und hält:
O komm zu uns, o Herrscher mild,
und rette uns, dein Ebenbild.

8. O »Gott mit uns«, Immanuel,
du Fürst des Hauses Israel,
o Hoffnung aller Völker du:
Komm, führ uns deinem Frieden zu.

9. Herr, wir vertrauen auf dein Wort;
es wirkt durch alle Zeiten fort.
Erlöse uns, du bist getreu.
Komm, schaffe Erd und Himmel neu.

EGB [1969] 1970 nach den Übertragungen der lateinischen O-Antiphonen von David Gregor Corner, 1631; Heinrich Bone, 1847; und Köln, 1887

O komm!

Herr, send herab uns deinen Sohn / Die O-Antiphonen

Fast unmerklich – für außerhalb des Gottesdienstes jedenfalls – geht am 17. Dezember ein Ruck durch den Advent: Waren die Gottesdienste der bisherigen Tage von den Motiven der Umkehr und der Bereitung auf den kommenden Herrn geprägt, so wenden sie sich nun der nahen Geburt des Gottessohnes zu. Als ob etwas Neues aufgeschlagen würde, so hebt das Evangelium am 17. Dezember mit dem Beginn des Matthäusevangeliums an – dem ersten der vier Evangelien und auch mit dessen ersten Sätzen: »Stammbaum Jesu Christi, des Sohnes Davids, des Sohnes Abrahams.« Was nun folgt, klingt wenig spektakulär, Name reiht sich an Name, dreimal vierzehn Generationen werden uns vorgestellt, von Abraham bis zu Josef hinab, »dem Mann Marias; von ihr wurde Jesus geboren, der der Christus (der Messias) genannt wird« (Mt 1,16). Diese Verse sind auch etwas Neues, sie sind die ersten Verse des Neuen Testamentes überhaupt und haben, soviel wird klar, etwas Programmatisches: Das Warten hat ein Ende, in der Geburt Jesu hat die Verheißung Gottes an Israel ihr Ziel gefunden. Wie es der Apostel Paulus auf die knappe Formel bringt: »Als die Zeit erfüllt war, sandte Gott seinen Sohn, geboren von einer Frau« (Gal 4,4).

Die Adventstage ab dem 17. Dezember sind noch auf andere Weise hervorgehoben. An ihnen begegnen uns im Stundengebet der Kirche wie auch in der Messfeier die alten Gesänge der O-Antiphonen, ehrfurchtsvoll auch »Große Antiphonen« genannt. Antiphon nennt man einen Kehrvers zu den biblischen Gesängen der Psalmen und Cantica, und diese musikalisch reichen (daher »großen«) Antiphonen werden an den sieben Tagen vom 17. Dezember an zum Lobgesang Mariens in der abendlichen Vesper, dem Magnificat, gesungen – außerdem begegnen sie uns als Text des Hallelujaverses in der Messe des jeweiligen Tages.

Vom lateinischen Choral zum deutschen Lied

Diese alten, aus dem Mittelalter stammenden Gesänge haben einen mystischen Sprachklang – und faszinieren darum seit jeher. Die einzelnen Begriffe und Bilder der Antiphonen sind uns durchaus vertraut: »Morgenstern«, »Wurzel Jesse«, »König der Völker« – und doch in ihrer Zusammenstellung nicht gleich verständlich. Zahlreiche biblische Zitate sind in diesen Antiphonen miteinander verwoben, sie gleichen damit in ihrer Gesamtheit einem Quilt, einem aus vielen einzelnen Stoffmustern zusammengesetzten Teppich. Allen Texten aber gemeinsam ist, dass sie eine ausgeschmückte Anrede haben, die in eine Bitte mündet; mit einem ehrfürchtigen »O« heben sie jeweils an – daher ihr Name – und auch die Bitte ist immer dieselbe: »Komm!« Musikalisch, in ihrer Choralvertonung, sind dieses »O« und das »veni« (komm) besonders herausgearbeitet: Klagend-sehnsüchtig klingt der Quartaufschwung über dem »veni«, adventlich-erwartungsvoll.

Für eine Gemeinde sind sie so nur schwer zu singen. Verschiedentlich wurden diese Antiphonen daher in Lied- und Strophenform gebracht. Unter ihnen ist besonders die Fassung von Heinrich Bone in seinem Liederbuch »Cantate!« aus dem Jahr 1847 zu nennen. Bone hat mehrere alte lateinische Gesänge übertragen, aber auch eigene Lieder gedichtet. Am bekanntesten ist vielleicht sein Osterlied »Das ist der Tag, den Gott gemacht«. Sein Name steht bis heute im katholischen Gesangbuch unter zahlreichen Liedern. Bone übertrug ein älteres populäres lateinisches Lied zu den sieben Antiphonen (»Veni, veni Emmanuel«) ins Deutsche, schuf daneben aber eine eigene Fassung dieser alten Adventsgesänge. Sie hebt mit einer Eingangsstrophe an und folgt danach den sieben Antiphonen in sieben Strophen. Sein Lied wiederum wurde der heutigen Fassung im Gotteslob zugrunde gelegt.

Christusrufe mit alttestamentlichen Bildern

Diese sieben Antiphonen sind Christusanrufungen mit der Bitte um sein Kommen. In ihrem Aufbau entsprechen sie der klassischen Gebetsform, die mit einer Anrede Gottes beginnt, sein heilvolles Tun preist und eine Bitte um sein erneutes Wirken für uns anfügt. Adressat all dieser Rufe ist Jesus Christus – doch mit diesem Namen wird er nicht genannt, vielmehr unter einem anderen Namen oder Titel angerufen, der dem Alten Testament entstammt.

Manche dieser Titel sind nicht gleich als Christusanreden erkennbar, »Weisheit« beispielsweise, mit der die erste Antiphon beginnt. »Weisheit«, griechisch »sophia«, ist ein alter Christus-Titel, was sich noch im Namen der »Hagia Sophia«, der »heiligen Weisheit«, widerspiegelt. Das hebräische »Adonai« ist die Anrufung Jahwes als des »Herrn« – sie gilt auch Christus, denn er ist der Gleichanfanglose, der Einsseiende mit dem Vater. »Wurzel Jesse« weist wie »Schlüssel Davids« auf die Heilsgeschichte hin, in der das Kommen des Messias aus dem Hause Davids und dem Geschlecht Isais (Jesses) gesehen wird. Der Messias wird dadurch zum »König der Völker«, ja zu dem vom Propheten Jesaja verheißenen »Immanuel«, dem Gott-mit-uns, wie dies wörtlich übersetzt heißt. Sein Kommen gleicht einem Sonnenaufgang nach langer Nacht, und als »Aufgang« oder »Morgenstern« wird Christus daher auch betituliert. Manche dieser Titel begegnen auch im Neuen Testament. Jesus selbst hat ja in ähnlichen Bildern von sich gesprochen, wenn er sich als Tür, als Brot vom Himmel, als Guter Hirt bezeichnet und damit ebenfalls alttestamentliche Begriffe auf sich bezogen hat. Es ist also eine bild(er)- und zugleich traditionsreiche Sprache, die sich abhebt von unseren nüchternen Gebetsworten, mit denen wir Christus allenfalls als Herrn und Bruder ansprechen.

Christus, der präexistent Handelnde

Noch verwirrender erscheint dann freilich beim Hören und Singen dieser Antiphonen, dass Christus mit Taten gerühmt wird, die wir ebenfalls mit der Heilsgeschichte des Alten Testaments verbinden. Das Geschehen am Sinai etwa: Wer war es, der dem Mose hier das Gesetz der Zehn Gebote gab? Können wir es ohne Weiteres nachvollziehen, wenn in der Antiphon Christus als »Adonai, du starker Gott« (Heinrich Bone) angerufen wird, der dem Mose im Flammenschein des brennenden Dornbusches erschien? Manchen mag es dabei ähnlich ergehen wie beim Gesang der »Improperien«, den Tadelreden Christi, die in der katholischen Kirche am Karfreitag gesungen werden: »Mein Volk, was tat ich dir und wie vergaltest du es mir? Ich habe dich aus Ägypten geführt und du hast mir das Kreuz bereitet!«

Vielleicht ist uns der Blick dafür verloren gegangen, dass Christus als der gleichanfanglose Sohn Gottes schon im Alten Bund der Handelnde ist und sein Tun für uns nicht erst mit seiner Menschwerdung beginnt. In ihm ist die Welt geschaffen, er lenkt des Weltalls Rund mit Kraft und Milde, wie es in einer der Antiphonen heißt. Das erinnert an einen anderen Adventsgesang, den Hymnus »Conditor alme siderum« (»Gott, heilger Schöpfer aller Stern«), in dem Christus als der Weltschöpfer angesprochen wird. Doch auch diese Vorstellung wurde den Menschen fremd, wie an anderer Stelle gezeigt wird.

Klugheit als adventliche Haltung

Alle Anrufungen münden in die Bitte: Komm! Und mit dem Kommen Christi werden ganz bestimmte Hoffnungen und Erwartungen verknüpft: Komm – und erlöse uns, befreie, erleuchte uns. Uns – oder den Menschen schlechthin, dessen Existenz nicht anders umschrieben werden kann als ein Sitzen im Dunkel und Schatten des Todes, gleichsam im Kerker des eigenen hinfälligen Leibes. Wie der Herr schon das Volk Israel »mit starker Hand« und ausgestrecktem Arm aus der Gefangenschaft in Ägypten geführt hat, so möge, ja so wird er auch uns Licht und Leben schenken.

Nur eine Bitte weicht von diesen anderen ab: »Komm und lehre uns den Weg der Klugheit«, wird Christus, die Weisheit Gottes, in der ersten dieser sieben Antiphonen gebeten. Sonderbar – was vermag angesichts der Weisheit Gottes die Klugheit des Menschen?

Nach den Worten Jesu benötigt der Mensch bei der Erwartung seiner Wiederkunft diese Klugheit. Klug nennt er diejenigen der zehn Jungfrauen, die bei der Ankunft des Bräutigams genug Öl bei sich führen, um zum Hochzeitsmahl zugelassen zu werden (Mt 25,1-13). Klug ist jener Knecht, den der Herr bei seinem unerwarteten Eintreffen wachend und beschäftigt findet (Mt 24,45-51). Klugheit ist Wachsamkeit, Bereitschaft im Sinne jenes Mannes, der seine Habe verkauft, um sich einen Schatz im Himmel zu sichern, wo ihm weder Wurm noch Dieb etwas anhaben können. Jesus wertet die Klugheit anders, als die Welt dies tut: Nicht auf Macht, Geltung und Gewinn vor den Menschen soll sie zielen, sondern auf Armut, Sanftmut und Barmherzigkeit. Hier begegnen sich die Klugheit des Menschen und die Weisheit Gottes: »Hat Gott nicht die Weisheit dieser Welt als Torheit entlarvt? Das Törichte hat Gott erwählt, um die Weisen zuschanden zu machen« (1 Kor 1,20.27). Der Weg der Klugheit ist der Weg der Umkehr. Nicht der Weisheit der Welt, vielmehr der göttlichen Weisheit gilt menschliches Sehnen, Jesus Christus, dessen Menschwerdung wir besingen, um dessen Wiederkunft wir beten. So eröffnet diese Bitte zu Recht die sieben Gesänge.

»Ich werde morgen (da) sein«

Vom 17. bis 23. Dezember werden diese Antiphonen zum Magnifikat des abendlichen Vespergottesdienstes gesungen. Die Vesper am 24. Dezember, dem Heiligen Abend, gehört bereits zum Weihnachtsfest, sie ist gewissermaßen der erste weihnachtliche Gottesdienst. Die Anfangsbuchstaben der lateinischen Titel und Bilder, unter denen Jesus Christus angerufen wird, sind S(apientia), A(donai), R(adix Jesse), C(lavis David), O(riens), R(ex gentium), E(mmanuel): S-A-R-C-O-R-E. Am Abend des 23. Dezembers ergeben diese Buchstaben, rückblickend und rückwärts gelesen, das Akrostichon E-R-O-C-R-A-S – oder anders geschrieben: »Ero cras«. Das ist lateinisch und kann übersetzt werden mit »Ich werde morgen (da) sein.« Zufall oder gelehrte und fromme Spielerei mittelalterlicher Mönche? Es passt jedenfalls zur geheimnisvollen Mystik dieser Gesänge, die uns nicht nur in dieser Weise einen ganz besonderen Blick auf die letzten Adventstage schenken.

18.

Stern über Betlehem

GL 261, EG-Regionalteile

1. Stern über Betlehem, zeig uns den Weg,
führ uns zur Krippe hin, zeig, wo sie steht,
leuchte du uns voran, bis wir dort sind,
Stern über Betlehem, führ uns zum Kind!

2. Stern über Betlehem, nun bleibst du stehn
und lässt uns alle das Wunder hier sehn,
das da geschehen, was niemand gedacht,
Stern über Betlehem, in dieser Nacht.

3. Stern über Betlehem, wir sind am Ziel,
denn dieser arme Stall birgt doch so viel!
Du hast uns hergeführt, wir danken dir,
Stern über Betlehem, wir bleiben hier!

4. Stern über Betlehem, kehrn wir zurück,
steht noch dein heller Schein in unserm Blick,
und was uns froh gemacht, teilen wir aus,
Stern über Betlehem, schein auch zu Haus.

Alfred Hans Zoller, 1963

Uns ist ein Licht aufgegangen

Stern über Betlehem

Vor einigen Jahren war ich nach den Weihnachtstagen in einem Planetarium, wo eine Vorführung mit dem Titel »Der Stern von Betlehem« gezeigt wurde. Man lag in kinoartigen Sesseln und schaute in den projizierten Himmel vor und über sich, der dann in einer Art Zeitreise um rund 2000 Jahre zurückgestellt wurde in die Zeit von Christi Geburt. War dieser Stern, der damals erschien, ein Komet mit langem Schweif, wie er vielfach auf Krippendarstellungen zu sehen ist, war er gar eine Supernova, deren helles Licht am Nachthimmel die Menschen aufmerksam gemacht hat? All das kommt astronomisch wohl nicht in Frage. Stattdessen wird der Augenmerk auf zwei Sterne am Himmel gelenkt, zwei Planeten genauer gesagt, die eine Art Walzer tanzen, eng beieinander, sich mal vor und zurück bewegen, eine Konjunktion bilden. Es handelt sich um die beiden Planeten Jupiter und Saturn, die in dieser Konstellation im astrologischen Verständnis damaliger Zeit auf einen neugeborenen König hinweisen. War es das, was Matthäus - und nur er - im 2. Kapitel seines Evangeliums beschrieben hat? »Als Jesus zur Zeit des Königs Herodes in Betlehem in Judäa geboren worden war, kamen Sterndeuter aus dem Osten nach Jerusalem und fragten: Wo ist der neugeborene König der Juden? Wir haben seinen Stern aufgehen sehen und sind gekommen, um ihm zu huldigen« (Mt 2,1-2). Es war eine beeindruckende Schau und ihr Ergebnis schien einleuchtend.

Mir fiel dazu eine Anekdote ein, die Friedrich Torberg in seinem amüsanten Buch »Die Tante Jolesch oder Der Untergang des Abendlandes« erzählt. Sie handelt vom »Onkel Hahn«, dem Onkel des Theaterschauspielers Ernst Deutsch, der zusammen mit anderen im Kino den Monumentalfilm »Die Zehn Gebote« von Cecil B. DeMille aus dem Jahr 1923 sah, in dem auch der Durchzug durch das Meer auf damals beeindruckende Weise dargestellt wurde. In das Modell eines ausgedörrten Flussbettes ließ DeMille von beiden Seiten Wasser schütten und stellte das im Film rückwärts dar, sodass der Eindruck einer sich teilenden Wasserflut entstand. Da hinein wurde die Schar der fliehenden Israeliten kopiert, danach wieder der Wassereinlauf, diesmal aber richtig, gezeigt, sodass sich die Wassermassen scheinbar über den verfolgenden Ägyptern schlossen. Während alle Zuschauer noch ergriffen schwiegen, stand besagter Onkel Hahn auf und erklärte kategorisch: »Also, *so* war das *nicht*!«

Was hat es mit dem Stern auf sich?

War das damals so mit dem Stern von Betlehem, wie es in der Planetariums-Vorführung gezeigt wurde, oder nicht? Seit annähernd 2000 Jahren werden Fragen gestellt und Antworten gegeben. Auch in den Liedern zur Weihnacht wie zur Epiphanie, der »Erscheinung des Herrn«, wie das Fest am 6. Januar heißt (»Epiphanias«). Schon im 4. Jahrhundert – das Weihnachtsfest ist noch ganz jung – beschäftigte sich der Dichter Aurelius Prudentius in seinem Hymnus »Quicumque Christum quaeritis« – »Ihr alle, die ihr Christus sucht« mit der Frage nach dem Wesen dieses Sterns. Er gibt eine Definition im wahrsten Sinne des Wortes, insofern er ihn von anderen Himmelserscheinungen abgrenzt: Dieser Stern übertrifft selbst die Sonne an Leuchtkraft, geht anders als die meisten Sterne nicht unter, wird auch nicht von Wolken verborgen, wie es selbst hell leuchtenden Sternen geschehen kann. Während sogar die Unglück verheißenden Kometen vergehen, bleibt dieser Stern unvergänglich. Er folgt nicht dem Regiment des Mondes – er ist der alleinige Herrscher des Himmels und bestimmt den Lauf der Tage. Solch eine außergewöhnliche Erscheinung lässt selbst die himmelskundigen Männer im Perserland aufschauen, wie es bei Prudentius heißt:

»Wer ist es«, fragen sie bestürzt,
»dem Licht und Sterne dienstbar sind,
dem sich der Himmel unterwirft,
der über die Gestirne herrscht?

Ein großes Leuchten schauen wir,
erhaben, weit und grenzenlos,
ein Leuchten, das kein Ende kennt,
das älter als der Himmel ist.«

Für sie ist es klar: Dieser Stern ist wegen seiner Ungewöhnlichkeit ein Zeichen des wirklichen göttlichen Herrschers, der älter, erhabener und unendlicher ist als der Himmel. Wer also Christus sucht, wird von diesem Stern zu ihm geführt.

Unterschiedliche Deutungen

Es handelt sich um eine sehr ausführliche und auch einleuchtende Deutung dieser Himmelserscheinung, die Prudentius in seinem viele Strophen umfassenden Hymnus gibt. Er wird in Abschnitten bis heute in der Tagzeitenliturgie an den Tagen um Epiphanie gesungen. In den folgenden Jahrhunderten werden die Dichter auch andere Deutungen des Sterns von Betlehem geben, kaum aber so ausführlich wie dieser gelehrte spätantike christliche Dichter.

In den byzantinischen Hymnen der Weihnachtszeit wird vor allem darauf abgehoben, dass Gott sich dieses Sterns bediente, um »die Diener der Sterne« zu belehren, Christus als die wahre Sonne der Gerechtigkeit anzubeten.

In manchen späteren Liedern zeigt sich in diesem Stern Christus selbst. Im einst vielgesungenen »Drei König' führet göttlich' Hand« lässt er sich genau erkennen:

»Der Stern war groß und wunderschön,
im Stern ein Kind mit einer Kron',
ein goldnes Kreuz sein Zepter war,
und alles wie die Sterne klar.«

Hatte Prudentius noch geschrieben, dass selbst der prächtige Morgenstern nicht wagt, sein Gesicht vor diesem Stern zu zeigen, so wird doch viele Jahrhunderte später in zahlreichen Liedern immer wieder der »Morgenstern« thematisiert, wie es zahlreiche Lieder zu Epiphanias im Evangelischen Gesangbuch zeigen, und sogar mit dem Stern von Betlehem in eins gesetzt. Zu einer idyllischen Szene gerät das Lied von Arnold Findeisen, der sich über den Morgenstern mit dem heiligen Geschehen in Betlehem verbunden weiß:

»Wenn ich mit meiner Christlatern'
früh in die Metten geh,
da steht ein kleiner Funkelstern
am Himmel in der Höh.

Das ist derselbe Funkelstern,
der überm Kripplein stand,
worin Maria Gott, den Herrn,
in arme Windeln band.

Nun weiß ich, dass ich Gott, den Herrn,
mit eignen Augen seh,
wenn ich mit meiner Christlatern'
früh in die Metten geh.«

Auf einen »Wunderstern« schließlich deutete Erdmann Neumeister (1671-1756), das Himmelslicht - es ist Jesus selbst, der aus Jakob aufgegangen ist, wie es im Buch Numeri verheißen ist:

»Jesus, großer Wunderstern,
der aus Jakob ist erschienen,
meine Seele will so gern
dir an deinem Feste dienen.«

»... der aus Jakob ist erschienen«

Vielleicht kommt man aber mit seiner Deutung weiter. Es ist nämlich die Frage, ob Matthäus in seiner Darstellung der Geburt Jesu überhaupt eine historische Szene wiedergeben wollte. Die ganze Kindheit Jesu ist eigentlich im Dunkeln und wird in seiner späteren Darstellung vom Motiv der Verheißung und Erfüllung geprägt. Die Verheißung der Völkerwallfahrt beispielsweise, wie sie der Prophet Jesaja in seinem 60. Kapitel verkündet, wenn er zur kommenden Herrlichkeit Zions schreibt: »Völker wandern zu deinem Licht und Könige zu deinem strahlendem Glanz« (Jes 60,3). Die »Sterndeuter aus dem Osten«, griechisch *magoi*, das heißt Weise, Magier, Astrologen, werden als diese »Könige« verstanden, auch weil sie an die Könige erinnern, die, von Tarschisch und von den Inseln kommend, Geschenke bringen, wie es in Psalm 72,10 heißt. Und aus den Gaben Gold, Weihrauch und Myrrhe, die Matthäus nennt, schloss man auf die Dreizahl der »Könige«. Ihre Namen Kaspar, Melchior und Balthasar brachte die fromme Legende später dazu. Der Stern erinnert, wie es auch Neumeister in seiner Liedstrophe besingt, an die Weissagung des Sehers Bileam, dass dereinst ein Stern aus Jakob aufgehen werde - der Messias (Num 24,17). Freilich ist der Stern, den Matthäus nennt, nicht der Messias, aber führt zu ihm hin, nach Betlehem, wo ja ebenfalls der Verheißung nach der Messias geboren wurde ...

»Stern über Betlehem, schein auch zu Haus«

1964 erschien das Lied »Stern über Betlehem«, ein »neues geistliches Lied«, wie man Kirchenlieder in dieser Zeit auch nannte, rhythmisch der Musik des Beats angepasst. Rasch verbreitete es sich, fand auch Aufnahme in einige Regionalausgaben des Evangelischen Gesangbuches und inzwischen sogar in das Gotteslob. In vier - ursprünglich fünf - Strophen besingt das Lied von Alfred Hans Zoller den Stern in seiner geistlichen Funktion, wie sie auch im Evangelium genannt wird: Er soll uns zum Kind führen, uns das Kind zeigen und auch dann, wenn wir wie die Magier damals wieder zurückkehren in unseren Alltag, in unserem Blick bleiben und uns daran erinnern, das, was wir erlebt haben, weiterzugeben. Vielleicht hat diese unspektakuläre Beschreibung mit dazu geführt, dass es bis heute gern gesungen und auch bei den Sternsingeraktionen verwendet wird.

Und noch etwas kommt dazu: In vielen neueren Weihnachtsliedern wird der Blick darauf gelenkt, dass Jesus auch heute und auch bei uns geboren wird: »Sag mir, wo ist Betlehem, wo die Krippe, wo der Stall? - Musst nur gehen, musst nur sehen, Betlehem ist überall.« Als eine solche Erkenntnis und Erleuchtung kann man also auch den Stern sehen. Unübertroffen hat dies der sprachgewandte Wilhelm Willms zum Ausdruck gebracht, wenn er - ohne das Geburtsgeschehen direkt zu benennen - in seinem weihnachtlichen Lied schreibt: »Uns ist ein Licht aufgegangen, ihm folgen wir ...«

Vielleicht also geht uns mit diesem Stern ein Licht auf, dass sich Jesus gerade dort finden lässt, wo wir jetzt sind, mitten in unserem Alltag; das bringt auch dieses Lied zum Ausdruck, wenn es schließt: »Stern über Betlehem, schein auch zu Haus.«

19.

O Heiland, reiß die Himmel auf

GL 231, EG 7

1. O Heiland, reiß die Himmel auf,
herab, herab vom Himmel lauf.
Reiß ab vom Himmel Tor und Tür,
reiß ab, wo Schloss und Riegel für.

2. O Gott, ein Tau vom Himmel gieß,
im Tau herab, o Heiland, fließ.
Ihr Wolken brecht und regnet aus
den König über Jakobs Haus.

3. O Erd, schlag aus, schlag aus, o Erd,
dass Berg und Tal grün alles werd.
O Erd, herfür dies Blümlein bring,
o Heiland, aus der Erden spring.

4. Wo bleibst du, Trost der ganzen Welt,
darauf sie all ihr Hoffnung stellt?
O komm, ach komm vom höchsten Saal,
komm, tröst uns hier im Jammertal.

5. O klare Sonn, du schöner Stern,
dich wollten wir anschauen gern.
O Sonn, geh auf, ohn deinen Schein
in Finsternis wir alle sein.

6. Hier leiden wir die größte Not,
vor Augen steht der ewig Tod.
Ach komm, führ uns mit starker Hand
vom Elend zu dem Vaterland.

Friedrich Spee, 1622

Lied aus dunkler Zeit

O Heiland, reiß die Himmel auf

In seinem Roman »Das Treffen in Telgte« lässt Günther Grass verschiedene Dichter der Barockzeit sich in dem kleinen westfälischen Wallfahrtsstädtchen versammeln. Man schreibt das Jahr 1647, im nahen Münster tagen die Abgesandten der Kriegsparteien, um einen Friedensvertrag zur Beendigung des nun fast dreißig Jahre dauernden furchtbaren Kämpfens auszuhandeln. Es ist ein illustrer Kreis, den Simon Dach, der die Einladung aussprach, aus allen Landesteilen Deutschlands versammelt. Andreas Gryphius ist unter ihnen wie auch Paul Gerhardt, Friedrich von Logau, Hans Jakob Christoffel von Grimmelshausen, um nur einige zu nennen. Sogar der berühmte Komponist Heinrich Schütz stößt später noch mit Heinrich Albert dazu. Man tauscht sich aus, liest sich gegenseitig aus den eigenen Werken vor, spricht über die deutsche Sprache und einigt sich sogar am Ende auf einen Friedensaufruf. Es sind überwiegend protestantische Autoren, die hier beisammen sind, und als Simon Dach in einem Gebetsgedenken an die toten Poeten auch den Jesuiten Friedrich Spee von Langenfeld erwähnt, erhebt sich Protest.

Christian Hoffmann von Hoffmannswaldau aber springt Simon Dach bei, indem er zuerst aus Spees Liederbuch »Trutznachtigall« einen Bußgesang zitiert, um anschließend aus der »Cautio Criminalis«, Spees Anklageschrift gegen Inquisition und Tortur, einige Passagen vorzutragen, »worauf er des Jesuiten Mut lobte und herausfordernd allseits (Gryphius direkt ins Gesicht) fragte, wer unter ihnen, wie Spee im finsteren Würzburg, an die zweihundert Weiber unter der Folter erbärmlich gesehen, nach vor Pein tollem Geständnis tröstend zum Holzstoß begleitet, darauf sein grausames Erfahren niedergeschrieben und anklagend in Druck gegeben hätte?«

»In Finsternis wir alle sein«

Das mehrtägige Treffen der Dichter im Jahr 1647 ist fiktiv – doch die Auseinandersetzung zwischen Katholiken und Protestanten in jener Zeit ist echt. Sie wurde auch über Lieder geführt, die gesungenes Glaubensbekenntnis waren und sind. Längst freilich ist Friedrich Spee ein überkonfessionell anerkannter und geschätzter und – auch seines Lebenszeugnisses wegen – bewunderter Dichter. Seine Texte finden sich ebenso in katholischen wie evangelischen Gesangbüchern, nicht erst seit heute. Darunter auch das Adventslied »O Heiland, reiß die Himmel auf«.

Ein Lied, das nicht nur in der dunklen Zeit des Jahres gesungen wird, sondern auch aus »dunkler Zeit« stammt, aus dem Jahr 1622. Friedrich Spee hat als junger Jesuitenpater das Leiden der als »Hexen« beschuldigten Frauen und Mädchen an verschiedenen Orten kennengelernt und wurde davon so sehr erschüttert, dass er später die unselige Praxis der Verhörmethoden in Büchern angeprangert hat. Daneben muss man auch die Zeitumstände, unter denen er lebte und wirkte – der Dreißigjährige Krieg begann sich in Deutschland auszubreiten, immer wieder wurden einzelne Gebiete von der Pest heimgesucht –, berücksichtigen, wenn man es singt. Denn nur vordergründig ist es eine Umdichtung der biblischen Bitte, dass Gott wie ein Tau vom Himmel herabkommen möge (Jes 45,8). Dahinter verbirgt sich der Aufschrei einer zutiefst erschütterten Seele, die Einblick gewonnen hat in die Abgründe menschlicher Trostlosigkeit, Not und Pein.

1585 wird Spee in Kaiserswerth geboren (wo auch Caspar Ulenberg, der katholische Theologe und Dichter seine bis heute gesungenen Psalmlieder schrieb). Von 1610 an finden wir ihn bei den Jesuiten, zuerst im Noviziat, dann in der ordenseigenen Ausbildung, die ihn 1612 zum Philosophiestudium nach Würzburg führt. Hier mag er die ersten bedrückenden Eindrücke vom Umgang mit »Hexen« gewonnen haben. Nach dem Theologiestudium wird er in Mainz – ein weiteres Zentrum der Hexenverfolgung – 1622 zum Priester geweiht und wirkt dann als Professor in Paderborn. Auch hier trifft er auf den leidvollen Hexenwahn. Inwieweit er tatsächlich selbst als »Beichtvater« der Angeklagten tätig war, ist nicht vollständig geklärt, aber verborgen konnten ihm die unsäglichen Praktiken, die er vor allem in seiner (anonym herausgegebenen) Anklageschrift »Cautio criminalis« beschrieb, nicht geblieben sein.

Es ist allerdings gefährlich, diese damals durchaus üblichen Methoden anzuprangern, selbst im Orden ist Spee umstritten. Er wird versetzt, nimmt andere Aufgaben wahr. Es ist eine Zeit auch schwerer konfessioneller Auseinandersetzungen. In Peine, einem Ort bei Hildesheim, wird er im Zuge des Versuchs der Rekatholisierung der Stadt 1629 aus einem Hinterhalt heraus angeschossen und schwer am Kopf verletzt. Am Ende seines Lebens finden wir ihn in Trier als Professor für Kirchenrecht und als Beichtvater im Gefängnis und in den Krankenhäusern – ein »Jammertal« gewiss auch, wie es Spee in seinem Lied beschreibt.

»Hier leiden wir die größte Not«

In seinem (posthum erschienen) »Güldenen Tugendbuch« bittet Spee sein Beichtkind (das heißt den Leser), all der unschuldig Gefangenen zu gedenken und ihnen mit Trost und Hilfe beizustehen. Er gibt dann auf wenigen Seiten zusammengedrängt eine Schilderung der Leiden der gefangenen Hexen, wie sie ausführlicher in seiner Schrift »Cautio criminalis« dargestellt sind: Wie man ihre Unschuld nicht glauben will und sie um jeden Preis schuldig sein müssen. Wie man sie mit unmenschlich grausamen Martern immer von Neuem foltert, bis sie endlich sterben oder Verbrechen gestehen, an die sie selbst im Traum niemals gedacht hätten. Wie man sie als unbußfertige, verstockte Sünder noch qualvoller hinrichtet, weil der Teufel sie stärke und ihnen die Zunge festhalte, wenn sie nicht bekennen und doch die Folter überleben. Wie niemand ist, der ihnen Trost bringen darf, und sie sich aus Verzweiflung umbringen oder dem Satan verschreiben. – Wenn er, Friedrich Spee, sie damit befreien könne, dann wollte er selbst niederknien und sich den Kopf abhauen lassen, versichert er, und schließt:

»O du mein allermildester Herr Jesu, wie kannst du es dulden, dass deine Kreaturen so gepeinigt werden? Ich bitte dich: Komme doch zu Hilfe allen Unschuldigen, Bedrängten, dass sie nicht verzweifeln – und erleuchte die Obrigkeit, dass die Gerechtigkeit nicht in eine Grausamkeit und Gottlosigkeit verkehrt werde. Ich wollte auch, es wäre möglich, dass ich zu allen Kreaturen herumgehen könnte, und die armen Verhafteten besuchen! O mein Gott! wie gerne wollt' ich's thun, und alle so herzlich trösten, ihnen Muth einsprechen, alle mögliche Liebe um Christi meines Herrn willen ihnen erzeigen! Ich weiß, sie würden ihre Hände zusammenfalten und Gott, unseren Vater loben, der im Himmel ist. Ach Jesu!«

Diese Abgründe der menschlichen Seele tun sich auch hinter manch glatter Fassade unserer schönen neuen Welt auf, sie tragen andere Namen als Pest und blutige Konfessionsauseinandersetzung, sie bedrohen und bedrücken die Menschen aber nicht minder. Die Finsternis, die er in seinem Lied nennt, kann sich über Menschen senken, wenn sie keine Zukunft mehr sehen, wenn sie in Depression versinken. Spees Bitte bleibt daher bis heute aktuell: »Wo bleibst du, Trost der ganzen Welt, darauf sie all ihr Hoffnung stellt?« Wann immer wir sein Lied singen, singen wir es auch stellvertretend für alle, die es nicht mehr können, die schon verstummt sind angesichts von Not und Leid der Welt – oder in eigener Leiderfahrung nicht mehr an einen Trost glauben können. Friedrich Spee hat für sie seine Stimme erhoben – und wir selber können und sollen zu Menschen werden, die mitleiden.

Dieses Mitleid lässt Günter Grass auch in seinem Roman »Das Treffen in Telgte« die Poeten ergreifen, als Hoffmannswaldau den katholischen Dichter Friedrich Spee verteidigt und rühmt. »Da war keine Antwort möglich. Dem alten Weckherlin liefen die Tränen. Als hätte er damit Sinn geben wollen, sagte der Student Scheffler: ›Außerdem sei Spee wie Opitz von der Pest dahingerafft worden.‹«

1635 wird die Stadt Trier von französischen und spanischen Truppen besetzt. Bei der Betreuung kranker und verletzter Soldaten infiziert sich Spee und stirbt mit nur 44 Jahren. In seiner Hingabe an andere Menschen wurde er selbst zum Inbegriff des Trostes, den er besang.

20.

Jauchzet, ihr Himmel

GL 251, EG 41

1. Jauchzet, ihr Himmel, frohlocket, ihr Engel, in Chören,
singet dem Herren, dem Heiland der Menschen, zu Ehren!
Sehet doch da:
Gott will so freundlich und nah
zu den Verlornen sich kehren.

2. Jauchzet, ihr Himmel, frohlocket, ihr Enden der Erden!
Gott und der Sünder, die sollen zu Freunden nun werden.
Friede und Freud
wird uns verkündiget heut.
Freuet euch, Hirten und Herden!

3. Sehet dies Wunder, wie tief sich der Höchste hier beuget;
sehet die Liebe, die endlich als Liebe sich zeiget.
Gott wird ein Kind,
träget und hebet die Sünd:
Alles anbetet und schweiget.

4. Gott ist im Fleische: Wer kann dies Geheimnis verstehen?
Hier ist die Pforte des Lebens nun offen zu sehen.
Gehet hinein,
eins mit dem Kinde zu sein,
die ihr zum Vater wollt gehen.

5. Hast du denn, Höchster, auch meiner noch wollen gedenken?
Du willst dich selber, dein Herze der Liebe, mir schenken.
Sollt nicht mein Sinn
innigst sich freuen darin
und sich in Demut versenken?

6. König der Ehren, aus Liebe geworden zum Kinde,
dem ich auch wieder mein Herze in Liebe verbinde:
Du sollst es sein,
den ich erwähle allein;
ewig entsag ich der Sünde.

7. Süßer Immanuel, werd auch in mir nun geboren,
komm doch, mein Heiland, denn ohne dich bin ich verloren!
Wohne in mir,
mach mich ganz eines mit dir,
der du mich liebend erkoren.

Gerhard Tersteegen, 1731

Die offene Pforte

Jauchzet, ihr Himmel

»Der Vikar stieg auf die Kanzel. Links und rechts von ihm zwei Ministranten mit Kerzen. Tief holte er Luft und begann mit dem uralten Gesang Exsultet auf Deutsch: ›Frohlocket, ihr Chöre der Engel, frohlocket, ihr himmlischen Scharen …‹ Dieses Urgestein in der Osternacht war musikalisch so ziemlich die Krönung von allem, was Megild kannte.« So schildert ein Roman von Adrian Kunert das Erleben der Osternacht. »Exsultet iam angelica turba caelorum«: Der große Lobpreis zu Beginn der Osternacht, der mit diesem lateinischen Wort beginnt, gilt vielen Gläubigen als ein Höhepunkt des Kirchenjahres und der Liturgie überhaupt. Nur wenige Texte strahlen eine solche Besonderheit aus, sind von einer solchen Mystik wie das »Exsultet« der Osternachtliturgie, dass sie die Menschen bis heute faszinieren. Josef Seuffert, einst Seelsorgeamtsleiter in Mainz, dessen Name sich noch unter vielen Gesängen des Gotteslobes findet, hatte einmal den Versuch unternommen, auch der Christmette einen solchen Lobpreis zu geben. Aus einem Text des Thomas von Kempen formte er ein weihnachtliches Exsultet. Der Autor dieser Zeilen hat ebenfalls nach Worten des niederrheinischen Mystikers ein solches verfasst und auch musikalisch eingerichtet. Dabei gibt es eigentlich schon viel länger ein Weihnachtslied, das in vielen Aussagen diesem österlichen Lobpreis entspricht, es ist das »Jauchzet, ihr Himmel« von Gerhard Tersteegen, das dieser 1731 geschrieben hatte.

Lieder, die uns Menschen zum Lob Gottes über die Geburt seines Sohnes und zur Freude auffordern, gibt es zahlreiche: »Nun freut euch, ihr Christen«, »Lobt Gott, ihr Christen alle gleich«, »In dulci jubilo, nun singet und seid froh« und andere mehr. In Tersteegens Lied wird diese Aufforderung aber zuerst an den Himmel und die Engel gerichtet. Eben darin entspricht es bereits dem österlichen »Exsultet«, in dem auch zunächst die Schar der Engel zum Lobpreis und Frohlocken aufgerufen wird, dann die Erde und schließlich die Kirche, die beide vorangegangenen Bereiche in sich umfasst. »Jauchzet, ihr Himmel, frohlocket, ihr Engel in Chören«: Wahrscheinlich singt man dies, ohne viel darüber nachzudenken. Aber man kann sich ja fragen: Warum eigentlich werden die Engel zum Jubel aufgefordert, die doch den Menschen die Botschaft dieser Nacht überhaupt erst überbracht haben? Oder noch anders gefragt: Was haben denn die Engel von der Menschwerdung Gottes? Was bedeutet es dem Himmel, dass Gott zur Erde kommt?

Zunächst einmal entspricht dies einer biblischen Vorstellung, wenn auch die Himmel und himmlischen Wesen in das Lob des Schöpfers mit einfallen sollen: »Lobt den Herrn von Himmel her, lobt ihn in den Höhen: Lobt ihn, all sein Engel, lobt ihn, all seine Scharen, lobt ihn, Sonne und Mond, lobt ihn, all ihr leuchtenden Stern, lobt ihn, alle Himmel« (Ps 148,1-4). Sie stellen durch ihr Sein ja bereits ein Lob Gottes dar. Und auch in der himmlischen Liturgie, die Johannes in seiner Offenbarung schaut, wird von unzähligen Engeln das fortwährende Lob Gottes gesungen (Offb 5,11-12). Weil Gott der Schöpfer von allem ist, geht es auch alle Schöpfung an, wenn er Geschöpf wird. Vor allem aber sollen die Engel staunen darüber, dass er sich dem

Menschen zuneigt, staunen über die Herablassung Gottes, der sich zu seinen Geschöpfen beugt.

»Alles in uns schweige und sich vor ihm beuge«

Um die Bedeutung dieser Bewegung, um die Gegensätze deutlich zu machen, wird Gott von Tersteegen als »Höchster«, als »König der Ehren« bezeichnet - der Mensch hingegen als »Sünder«, als »Verlorener«. In Jesus Christus, dem Neugeborenen, finden diese Gegensätze zusammen. Der Höchste beugt sich herab, das Niedrige wird aufgerichtet: »Gott wird ein Kind, träget und hebet die Sünd.« Im österlichen Exsultet wird dies ähnlich ausgedrückt, wenn es heißt: »O unfassbare Liebe des Vaters: Um den Knecht zu erlösen, gabst du den Sohn dahin.«

Ein Geheimnis, wie es in der vierten Strophe des Liedes gesagt wird, ein Mysterium, das man nicht näher erklären oder gar verstehen kann. Die einzig angemessene Haltung ist die des Schweigens und Anbetens - eine Haltung, die Tersteegen in einem anderen seiner Lieder entfaltet: »Gott ist gegenwärtig [...] Alles in uns schweige und sich innigst vor ihm beuge.«

Hier tritt uns Gerhard Tersteegen in seiner Religiosität am deutlichsten vor Augen. 1697 ist er in Moers am Niederhein geboren. Er erlernte den Kaufmannsberuf, tauschte ihn für das kärglichere Leben eines Seidenbandwebers, stieg schließlich mit 31 Jahren ganz aus der bürgerlichen Existenz aus. Zuvor schon hatte er sich und sein Leben Jesus Christus verschrieben. Nun lebte er ganz für ihn und wirkte als Prediger in der protestantischen Erweckungsbewegung. Er lebte in der Gegenwart Gottes und war zugleich den Menschen nahe, vor allem Kranken, denen er auch körperlich half, da er die Gabe der Heilung hatte. Zahllose Menschen suchten ihn in seiner »Pilgerhütte«

auf, in der er studierte - unter anderem die Werke des Thomas von Kempen -, betete, Bücher und Lieder schrieb. Er gleicht in seinem Leben der mystischen Hingabe ganz jenen russischen Starzen oder den alten Mönchsvätern der Wüste, die aus ihrer eigenen Gottsuche heraus zu Wegweisern anderer Menschen wurden.

Menschen wie ihn bedarf die Kirche in ihrer oft hektischen pastoralen Betriebsamkeit heute mehr denn je - und es ist gut, dass uns Tersteegen mit seinen Liedern, die auch im Gotteslob stehen, auf das Wesen des Glaubens hinweisen kann.

»Es ist, was es ist, sagt die Liebe«

Obwohl er sich doch ganz Jesus Christus verschrieb (im wahrsten Sinne des Wortes und sogar mit dem eigenen Blut geschrieben), nennt Tersteegen Jesus in dem siebenstrophigen Lied nicht einmal mit Namen. Nur in Umschreibungen - dreimal als Kind - und in anderen Bezeichnungen (Heiland, Immanuel) steht der Gottessohn vor unseren Augen. Vielleicht hat das damit zu tun, dass er - ähnlich wie Martin Luther in seinem Lied »Gelobet seist du, Jesus Christ« - an einer Beschreibung der Vorgänge in Betlehem nicht interessiert ist, sondern ihre Bedeutung und Wirkung für uns aufzeigen will. Vor allem aber ihre Bedeutung für ihn selbst - und damit auch für jeden von uns. In diesem sehr persönlichen Ton, den es ab der fünften Strophe anschlägt, unterscheidet sich das Lied Tersteegens von dem Martin Luthers beträchtlich: »Hast du denn, Höchster, auch meiner noch wollen gedenken?« Wo Luther noch objektiv-gemeindlich formuliert, wird Tersteegen subjektiv.

Angesichts der genannten Gegensätze zwischen Höchstem und Verlorenem, zwischen Höchstem und Sünder kann es gar nicht anders sein, dass sich in diesem weihnachtlichen Geschehen die pure Liebe Gottes äußert. Was anders als die Liebe kann zu einem solch scheinbar widersinnigen Tun führen? Erich Frieds Gedicht über die Liebe mag einem dazu in den Sinn kommen, in dem es am Schluss heißt:

»Es ist unmöglich
sagt die Erfahrung.
Es ist was es ist
sagt die Liebe«

»Die Liebe Gottes wurde unter uns dadurch offenbart, dass Gott seinen einzigen Sohn in die Welt gesandt hat, damit wir durch ihn leben« (1 Joh 4,9).

Die offene Pforte des Himmels

Eben durch diese Liebe Gottes zu uns wird uns die Pforte des Himmels wieder geöffnet. Gott selbst ist es, der sie aufmacht: »Heut schließt er wieder auf die Tür zum schönen Paradeis, der Cherub steht nicht mehr dafür, Gott sei Lob Ehr und Preis«, heißt es in einem anderen Weihnachtslied (»Lobt Gott, ihr Christen«). Das erinnert an den Traum, den Jakob, der Stammvater hatte, in dem er den Himmel offen und eine Leiter zu ihm aufragen sah, auf der die Engel auf- und niederstiegen. Am nächsten Tag erkannte er: »Wie ehrfurchtgebietend ist dieser Ort. Hier ist das Haus Gottes und die Pforte des Himmels« (Gen 28). In der Geburt Jesu wird Betlehem, das »Haus des Brotes«, zum Haus Gottes und zur offenen Himmelspforte. Und für uns öffnet sie sich in jeder liebevollen Begegnung mit dem Heiland, vor allem in der Kommunion.

Nichts sehnlicher wünscht sich Tersteegen als das Wohnen des Heilands in ihm selbst. So haben auch andere Dichter dieser Zeit und früher die Weihnachtsbotschaft auf sich gewendet und zu einer Liebeserklärung gemacht, wie Paul Gerhardt (»Ich steh an deiner Krippe hier«) oder Friedrich Spee (»Zu Betlehem geboren«). Und eben darum unterscheidet sich dieses Lied bei allen Anklängen an den Lobpreis der Osternacht eben doch erheblich vom Exsultet mit seinem heilsgeschichtlichen Duktus. Beim Singen dieses Liedes ist der Mystiker in uns herausgefordert, den die heutige und zukünftige Zeit doch so dringend braucht, wenn man einem Wort Karl Rahners folgen darf.

Dass sein Lied uns nicht sogleich einfällt, wenn wir an bekannte Weihnachtslieder denken, mag auch damit zu tun haben, dass Tersteegen es auf die Melodie eines anderen Liedes schrieb, Joachim Neanders »Lobe den Herren, den mächtigen König der Ehren« (GL 392 / EG 316). Es fehlt ihm dadurch das unverwechselbar Weihnachtliche. Aber ist die Zusage der Liebe Gottes an jeden von uns persönlich nicht ohnehin eine Botschaft, die über Weihnachten hinausgeht?

21.

„Wie geht's weiter?"

Zu dem Artikel „Der liebe Weihnachtskuchen".

In der Weihnachtsbäckerei

Refr.: In der Weihnachtsbäckerei
gibt es manche Leckerei.
Zwischen Mehl und Milch
macht so mancher Knilch
eine riesengroße Kleckerei.
In der Weihnachtsbäckerei,
in der Weihnachtsbäckerei.

1. Wo ist das Rezept geblieben
von den Plätzchen, die wir lieben?
Wer hat das Rezept verschleppt?
Na, dann müssen wir es packen,
einfach frei nach Schnauze backen.
Schmeißt den Ofen an
und ran.

2. Brauchen wir nicht Schokolade,
Honig, Nüsse und Sukkade
und ein bisschen Zimt? Das stimmt!
Butter, Mehl und Milch verrühren,
zwischendurch einmal probieren
und dann kommt das Ei:
Vorbei!

3. Bitte mal zur Seite treten,
denn wir brauchen Platz zum Kneten.
Sind die Finger rein? Du Schwein!
Sind die Plätzchen, die wir stechen,
erst mal auf den Ofenblechen,
warten wir gespannt:
Verbrannt!

Rolf Zuckowski

Weihnachtlicher Vor- und Nachgeschmack

In der Weihnachtsbäckerei

»In der Weihnachtsbäckerei gibt es manche Leckerei ...« - Nicht nur Knilche, auch Väter und Mütter kommen bei diesem noch jungen Lied in Bewegung, kneten, rühren und formen zusammen in der häuslichen Weihnachtsbäckerei, die so sprichwörtlich geworden ist, dass Rolf Zuckowski ihr ein eigenes Lied gewidmet hat. Genau genommen ist sie allerdings eher eine *Advents*bäckerei, denn sie findet ja schon in den Wochen vor Weihnachten statt. Mancher Teig muss etliche Zeit ruhen, ehe man ihn verarbeiten kann, einige Gebäckarten wiederum müssen »ziehen«, bis sie richtig genießbar sind. Auf jeden Fall aber wird das große Fest damit vorbereitet und durch die »Waschkörbe voll Plätzchen«, die dann im Idealfall zur Verfügung stehen, in seiner Pracht noch gesteigert. Weihnachten ohne Plätzchen, Kekse, Gutzle, Brötchen, Ausstecherle oder wie immer das Gebäck genannt wird, ist eigentlich nicht denkbar.

Vielerorts durfte früher sogar erst an Weihnachten bzw. am Heiligen Abend davon gegessen werden. Auch heute noch wird bisweilen der erste Stollen feierlich am Nachmittag des 24. Dezembers angeschnitten. Die Adventszeit war bis in das letzte Jahrhundert hinein eine Art Fastenzeit, die - zum Leidwesen der Kinder - auch Süßes ausschloss. Außerdem legten früher die Hühner in der kalten Jahreszeit auch weniger Eier - heute in den großen Legebatterien ist das anders. Das Backen in dieser Zeit hatte also auch den Grund, Fett, Eier, Süßes und andere Nahrungsmittel zu »verarbeiten«. So war das Helfen in der Weihnachtsbäckerei - etwa beim anstrengenden Rühren, das früher keine Elektrogeräte übernahmen - schon deshalb beliebt, weil es die Möglichkeit bot, anschließend wenigstens die Teigschüssel auszulecken … Erst als diese Bedeutung fiel, bekam auch die Adventszeit den Anstrich einer Nasch- und Schlemmerzeit, ja, vom findigen Bäckerhandwerk wurde der erste Advent vor etlichen Jahren sogar kurzerhand zum »Stollen-Geschenktag« umfunktioniert: Man muss sich eben nur etwas einfallen lassen.

Zutaten und ihre Bedeutung

Zur Weihnachtsbäckerei gehören heute die typisch scheinenden Gebäcke mit ihren früher teilweise sehr teuren Ingredienzien (z. B. Pfeffer oder Zimt), die aus Übersee bezogen werden mussten, und daher nur zu großen Festen verwendet wurden. Die Pfefferkuchen und Zimtsterne, die Kokosmakronen und Vanillekipferl verweisen mit ihren Namen noch auf die Zutaten, die es früher beim »Kolonialwarenhändler« gab. Teilweise waren diese Gebäckarten auf den Inhalt des Weihnachtsfestes bezogen, Lebkuchen etwa sollten durch die darin verarbeiteten Heilkräuter und -säfte (was auch die althochdeutsche Bedeutung des Wortes *leb* ist) auf die Geburt des Heilandes hinweisen. Darüber wurde auch gepredigt. So legte etwa der berühmte Straßburger Münsterprediger Geiler von Keisersberg im Jahr 1507 einen »Lebkuchen oder Honigzelten« auf das Leben Christi hin aus. Mit siebenerlei oder neunerlei Gewürzen sollten sie gebacken werden, was sich sogar bis heute auf manchen Gewürztütchen mit den Ingredienzien ausdrückt. Die Zahlen verweisen auf Vollendung und die dreifache Dreiheit. Nicht nur hinsichtlich des weihnachtlichen Gebäcks galt dies, sondern auch in Bezug auf das weihnachtliche Essen. Das »Neunerlei« in Schlesien und im Vogtland – die Reichhaltigkeit der neun (bisweilen auch zwölf) Gänge war aber nicht in erster Linie auf Weihnachten bezogen, sondern auf den früher mit Weihnachten verbundenen Jahresbeginn und den dazugehörigen Segenswunsch.

Nüsse und Mandeln wurden natürlich verwendet, weil sie im Herbst geerntet wurden und jetzt zur Verfügung standen. Sie gelten auch als Sinnbild des Wortes Gottes, das erst durchdrungen werden muss wie die Schale der Nuss, um an ihren Kern zu gelangen – aber auch als Gleichbild für die Aufgabe des Lebens: »Gott gibt die Nüsse, aber aufknacken muss man sie selber ...« Die Mandel, ob in bitterer oder süßer Form verwendet, verweist auf die *mandorla*, eine ganzfigürliche Gloriole in Mandelform. Sie steht auch für den Geburtsvorgang. Für die Prediger des Mittelalters war der Mandelkern ein Bild für die Menschwerdung Christi, dessen göttliche Natur (Kern) in der menschlichen (Schale) verborgen war – freilich ein schiefes Bild, das eine falsche Vorstellung des Verhältnisses von Jesu menschlicher und göttlicher Natur fördert. Besser ist dies: Ein mandelförmiges Segment entsteht, wenn man zwei Kreise so nebeneinander legt, dass sich die Flächen zur Hälfte decken. Das lässt sich auf den Erd- und den Weltkreis beziehen, die in Christus vereint sind. Das neben anderem aus Mandeln hergestellte Marzipan fand vor allem nach 1800 in die Weihnachtsbäckerei allgemein Eingang.

Die Süße des Gebäcks wurde einst durch den Honig gewährleistet. Die Honigkuchen, oft nur ein anderer Name für Leb- oder Pfefferkuchen, waren wegen dessen reicher Verwendung ein typisches Festtagsgebäck. Die heute mit Schokoladen- oder Zuckerstreuseln gemachte süße Verzierung wurde früher durch Mohn und Samenkörner bewerkstelligt, wobei die quellenden Samen und der Mohn wiederum auf den Segen verweisen, der mit dem Weihnachtsfest (und dem neuen Jahr) verbunden ist. Daher kommt auch deren Verwendung bei den weihnachtlichen Festspeisen in einigen Gegenden.

Die oben genannten Ingredienzien sowie der Geschmack bestimmter, früher unbedingt mit Weihnachten verbundener Lebensmittel wie z. B. Orangen, führen dazu, das man Weihnachten sogar »schmecken und riechen« kann. Eine Schokoladenmarke offerierte vor einigen Jahren ihre »Weihnachts-Schokolade mit etwas Zimt und Koriander« sowie das »Weihnachts-Marzipan, das wie Weihnachten schmeckt ...« Die reichhaltige Palette der diversen Duftöle ist inzwischen auch um die Duftnoten »Heiligabend« und »Weihnachten« erweitert. Die im Teehandel offerierten Weihnachtstees enthalten allesamt auch Zimt, Orangenblüten und andere Ingredienzien. Orangen und Mandarinen waren bis vor einigen Jahrzehnten eine typische Frucht, die bei uns auf die Winter- und Weihnachtszeit beschränkt war. So bleibt Weihnachten eben noch länger in der Nase.

Tatsächlich war früher die Verlängerung des Fests in den Alltag hinein auch die Bedeutung mancher Speisen und Gebäcke. Ja, gerade die Gebäckarten wie die vielen ausgestochenen Engel, Sterne, Glocken und Christbäume lassen einen das Weihnachtsfest noch lange schmecken. Sie sind mit den Gebildbroten verwandt, die ja einen Festinhalt in Gebäckform präsentieren. Zu ihnen gehört auch der Christstollen, dessen bildhafte Bedeutung allerdings sehr unterschiedlich interpretiert wird: als Wickelkind (das Umschlagen der Teighälften und das spätere Bestäuben lässt tatsächlich an einen Wickelvorgang denken ...), als Krippe und andere Gebilde. Der sächsische Christstollen, erstmals 1457 im Schloss Hartenstein bei Torgau hergestellt, ist weltberühmt. Unlängst gelangte der Dresdener Stollen durch die skurrile Schilderung der Beschaffung seiner Zutaten während der DDR-Zeit in dem Roman »Der Turm« von Uwe Tellkamp wieder so sehr ins Bewusstsein, dass die im Buch genannte Bäckerei zum Pilgerziel der Literaturfreunde wurde ...

Ihren Ursprung in den Gebildbroten haben auch die »Springerle«, ein typisch weihnachtliches (oft mit Anis zubereitetes) Eierschaumgebäck, das beim Aufgehen im Ofen »springt«. Ursprünglich trugen sie biblische und kirchliche Motive, sind auf diese Weise auch mit der Hostienbäckerei verwandt. In deren Zusammenhang darf natürlich der Hinweis auf die Oblaten nicht fehlen, die vielfach die Basis für das schaumige Gebäck darstellen, teilweise früher sogar - als Hinweis auf die Eucharistie - an den Baum gehängt wurden.

Familiäre Idylle

Die frühen Rezepte weihnachtlicher Gebäcksorten wurden zunächst über die Klöster vermittelt. Das häusliche Bäckerei hielt vor allem ab der Biedermeierzeit Einzug in die Familien. Die Menge und größtmögliche Verschiedenheit der Gebäcksorten wurden dabei auch zum Ausweis des Fleißes und der Tüchtigkeit einer Hausfrau und Mutter. Diese Vorstellung ist durchaus noch heute gegeben, obwohl längst die Industrie das Backen übernommen hat und der Handel die Gesellschaft ab August mit adventlichen (Spekulatius) und weihnachtlichen Angeboten überschüttet und nervt.

Das alles schwingt mit im Bild der familiären Weihnachtsbäckerei mit kleckernden und schleckenden Kindern. Das Lied von Zuckowski - übrigens eines der wenigen Lieder, in denen das familiäre Backen und Kochen an Weihnachten und davor besungen wird - zeigt die Vorstellung einer längst verbürgerlichten und leider weitgehend auch inhaltsleer gewordenen familiären Weihnacht, die fast schon überkommen erscheint und vielleicht gerade deshalb immer wieder nostalgisch beschworen wird. Bleibt wenigstens zu hoffen, dass auch alles klappt in der häuslichen Bäckerei und es im Blick auf die voll belegten Bleche im Ofen nicht heißt wie im Lied: »warten wir gespannt ... verbrannt!«

22.

Vom Himmel hoch, o Engel, kommt

1. Vom Himmel hoch, o Engel, kommt!
Eia, eia, susani, susani, susani,
kommt, singt und klingt, kommt, pfeift und trombt.
Halleluja, Halleluja.
Von Jesus singt und Maria.

2. Kommt ohne Instrumenten nit,
eia, eia, susani, susani, susani,
bringt Lauten, Harfen, Geigen mit.
Halleluja ...

3. Lasst hören euer Stimmen viel,
eia, eia, susani, susani, susani,
mit Orgel- und mit Saitenspiel.
Halleluja ...

4. Hier muss die Musik himmlisch sein,
eia, eia, susani, susani, susani,
weil dies ein himmlisch Kindelein.
Halleluja ...

5. Die Stimmen müssen lieblich gehn,
eia, eia, susani, susani, susani,
und Tag und Nacht nicht stille stehn.
Halleluja ...

6. Sehr süß muss sein der Orgel Klang,
eia, eia, susani, susani, susani,
süß über allen Vogelsang.
Halleluja ...

7. Das Saitenspiel muss lauten süß,
eia, eia, susani, susani, susani,
davon das Kindlein schlafen muss.
Halleluja ...

8. Singt Fried den Menschen weit und breit,
eia, eia, susani, susani, susani,
Gott Preis und Ehr in Ewigkeit.
Halleluja ...

nach Friedrich Spee, (1591–1635) 1623

»Kommt ohne Instrumenten nit«

Vom Himmel hoch, o Engel, kommt

Was eine »Luftgitarre« ist, weiß man inzwischen: Das pantomimische Spielen einer imaginären Gitarre wird ja sogar auf Wettbewerben geübt und gezeigt. Was aber bitte ist eine »Luftlaute«? So fragte unsere älteste Tochter vor etlichen Jahren, als wir das Lied »Fröhlich soll mein Herze springen« sangen. Ihre schelmische Frage bezog sich auf die erste Strophe des Liedes, in der »alle *Luft laute* ruft: Christus ist geboren« - und gab uns Anlass, noch einmal ganz besonders fröhlich zu sein ... Aber wer weiß: Die Instrumente, die in den diversen Weihnachtsliedern genannt werden, sind nicht nur zahlreich, sondern uns mitunter auch schon fremd geworden, gerade wenn es sich um ältere Lieder handelt: Pfeifen, Zimbeln, Schalmeien? Es lohnt sich also, den Instrumenten der Weihnachtslieder und dem weihnachtlichen Musizieren einmal nachzuspüren.

Lobt ihn mit Harfe und Zither ...

Wie zu jeder Feier gehören auch zu Weihnachten Lieder und Musik. Vor allem Lieder sind - in welcher Form und Zahl auch immer - von Weihnachten und speziell der Heiligabendfeier nicht wegzudenken, selbst wenn sie seit Jahrzehnten immer häufiger von elektronischen Medien geliefert werden. Wie sehr Weihnachten und Musik zusammengehören, zeigt ja auch die Beschallung der Öffentlichkeit schon Wochen vorher mit Musik. Das gibt es bei keinem anderen Fest - wie überhaupt kein anderes, auch nicht Ostern, annähernd eine solche Musizierfreude hervorruft. Das Erscheinungsbild von Weihnachten prägen nicht zuletzt auch »musizierende Engel«, die (leider oft auf eher kitschige Art und Weise) das Gotteslob der himmlischen Heerscharen darstellen, wie es im Weihnachtsevangelium des Lukas berichtet wird (Lk 2,14-15). Freilich sind hier keine Instrumente genannt. Aber die ließen sich leicht ergänzen, wenn man das Gotteslob der Engel und Scharen aus Psalm 148 mit den Musikinstrumenten aus Psalm 150 kombiniert: »Lobt ihn mit dem Schall der Hörner, lobt ihn mit Harfe und Zither! Lobt ihn mit Pauken und Tanz, lobt ihn mit Flöten und Saitenspiel! Lobt ihn mit hellen Zimbeln, lobt ihn mit klingenden Zimbeln!« Die Zimbeln sind in diesem Zusammenhang kleine metallene Handbecken, die geschlagen werden.

... mit Schalmeien und Dudelsack

Die Anfänge weihnachtlichen Singens sind zunächst in der Liturgie zu suchen. Auch noch im späten Mittelalter, aus dem die ersten deutschen Weihnachtsgesänge überliefert sind, scheint der hauptsächliche Ort für das Singen der Gottesdienst gewesen zu sein, wo auch deutsche Gesänge neben den lateinischen ihren Platz fanden. Brauchhandlungen wie Kindelwiegen, Klöpfel-, Weihnachtsspiele und Heischegänge, die das weihnachtliche Geschehen ausdeuten, brachten ganz eigene Lieder hervor, mit einfachen Instrumenten begleitet. Pfeifen, Schalmeien, Dudelsack, Fidel begegnen nicht nur als »Hirten-Instrumente«, sondern lassen sich eben auch gut zu den Hirtenspielen einsetzen - etwa zu einer bäuerlichen Tanz- und Hirtenmusik, die dem Kind dargeboten wird.

... mit Geigen und Trompeten

Feierlicher ging es in den städtischen Kirchen zu, wo man nicht nur auf ortsansässige Musiker und Musik ausübende Laien zurückgreifen konnte, sondern auch auf Spielleute, quasi Berufsmusiker, die zu den festlichen Gottesdiensten in der Advents- und Weihnachtszeit spielten (in dieser Zeit fanden ja keine Hochzeiten oder Tanzvergnügungen statt). Im 16. und 17. Jahrhundert sind es die »Pfeifer« mit ihren Flöten, Zinken und Pommern, aber auch »Geiger« mit Streichinstrumenten aller Art. Später dann auch noch andere Instrumente, wie sie in Orchestern gespielt werden. »Auf dem Chore stimmte man Geigen und Trompeten und Pauken, und als an der Sakristeitür das Glöcklein klang und der Pfarrer in strahlendem Messkleide, begleitet von Ministranten und rotbemäntelten Windlichtträgern, über den purpurnen Fußteppich zum Altare ging, da rauschte die Orgel in ihrem ganzen Vollklang, da wirbelten die Pauken und schmetterten die Trompeten.« So erinnert sich Peter Rosegger an den Beginn der feierlichen Christmette in der steirischen Heimat (»Als ich noch der Waldbauernbub war«).

... mit Laute und Klavizimbel

Lieder aus den verschiedenen brauchtümlichen Zusammenhängen wanderten ebenso in die häuslichen Feiern wie diejenigen Gesänge, die im gemeindlichen Gottesdienst gesungen wurden. Auch bei der häuslichen Feier spielte die Musik eine wesentliche Rolle. Viele Lieder sind für die häusliche Andacht bestimmt, aus der die spätere Heiligabendfeier erwuchs. Das Titelbild von Johann Rists »Hausmusik« von 1654 zeigt eine Familie beim Musizieren, in der Mitte im Lehnstuhl der Hausvater mit der

Laute, neben ihm die Hausmutter mit dem Gesangbuch, ein älterer Sohn sitzt am Klavizimbel, zwei jüngere Kinder singen aus Gesangbüchern. Die berühmte Darstellung Martin Luthers im Kreise der Familie unter dem Weihnachtsbaum von Carl August Schwerdgeburth zeigt den Reformator ebenfalls mit einer Laute in der Hand. Sie wie auch das genannte »Klavizimbel« - eine Verdeutschung des »Cembalos« - waren kompliziertere Instrumente und weisen auf einen Gebrauch in höheren gesellschaftlichen Schichten hin.

Die Familie (einschließlich Gesinde) ist eine Kirche im Kleinen. Der »Hausvater« agiert als Hauspriester dieser kleinen Gemeinde, Laute oder Klavizimbel übernehmen den Part der Orgel, der Choral wird dazu (mehrstimmig) gesungen. Das sich allmählich herausbildende »Weihnachtszimmer« wird zum Andachtsraum - und wie die Glocken zur Kirche rufen, so wird mit dem Glöckchen das akustische Signal zum Betreten dieses »heiligen« Raumes gegeben.

... mit Klavier, Flöte und Gitarre

Ein wesentliches Instrument im wahrsten Sinne des Wortes für die Förderung des Gedankens einer familiären Weihnachtskultur war das Klavier. Schon im ausgehenden 18. Jahrhundert hatte die aufstrebende Bürgerschicht das häusliche Musizieren als standesgemäß entdeckt und gefördert. Die Serienfabrikation des Klaviers seit dem Anfang des 19. Jahrhunderts erweiterte neben der Notenliteratur zugleich auch die Zahl der Musikausübenden. Es ist das Instrument des gehobenen Bürgertums, vor allem Frauen - Mütter und Töchter - nehmen an ihm Platz, wie es auch nicht wenige Bilder zeigen - auch an Weihnachten. Die Lieder, die von ihnen begleitet werden, beschrieben zunehmend die häusliche Feier selbst und das bürgerliche Geschehen des Weihnachtsabends (»O Tannenbaum«; »Ihr Kinderlein, kommet«; »Morgen, Kinder, wird's was geben«).

Das 20. Jahrhundert bescherte neben neuen geistlichen Gesängen auch den weihnachtlichen Schlager und Popsong, der längst einen eigenen Platz im (mehrwöchigen) weihnachtlichen Musikbetrieb hat - auch wenn er mit dem Inhalt des Festes überhaupt nichts zu tun hat (»White christmas«). Überhaupt hört man immer mehr die Lieder nebenbei, als dass man selbst singt und musiziert. Dort, wo das noch geschieht, hat sich die Flöte gehalten - auch als Instrument, mit dessen Spiel sich Kinder die Weihnachtsüberraschung ähnlich »verdienen« (müssen) wie durch das Aufsagen von Gedichten. Und für »moderne Weihnachtslieder« ab den 1960er-Jahren war auch die Gitarre ein gutes Begleitinstrument.

Vom Himmel hoch, o Engel, kommt

Eine ganze Reihe der genannten Musikinstrumente zählt auch das Lied »Vom Himmel hoch, o Engel, kommt« auf. Da »pfeift und trombt« es (von ital. *tromba* für Trompete), singt es und klingt, ein ganzes himmlisches Orchester ist aufgeboten, um das Kind in den Schlaf zu musizieren ... Die Engel, die als himmlische Helferlein zum Musizieren beim Kindelwiegen angerufen werden (»kommt ohne Instrumenten nit«), sollen kommen, weil die Musik, wie man weiß, zum Einschlafen hilfreich ist. Die Musik für dieses Kind muss freilich »himmlisch sein, weil das ein himmlisch' Kindelein« ist. Das ist, genau besehen, die einzige theologische Aussage dieses Liedes.

1622 ist es erstmals in einem Würzburger Liederbuch erschienen - anonym, doch wird heute zumeist angenommen, dass

Friedrich Spee, der ja zehn Jahre zuvor zu seinem Philosophiestudium in der Bischofstadt weilte, der Autor ist. Es verbreitete sich in den kommenden Jahren rasch über verschiedene Liederbücher, geriet dann allmählich in Vergessenheit und wurde erst Mitte des 19. Jahrhunderts wiederentdeckt und später über die »Wandervogelbewegung« erneut verbreitet. Inzwischen findet man es auch in einigen regionalen Anhängen des Evangelischen Gesangbuches wie auch des Gotteslobes.

Ein Genrebild

Es hat allerdings in der heutigen Weihnachtsliturgie wie auch im religiösen Brauch keinen Boden mehr: Das Kindelwiegen, das es besingt, wurde zur Zeit seiner Entstehung noch geübt - sogar in den Kirchen. Vor und nach der Christmette wurde im Altarraum eine Wiege bewegt, manche Gläubige brachten eine eigene Wiege mit. Auch in den Häusern wurde dieser Brauch gepflegt. Sein musikalisch bekanntester Ausdruck ist das Lied »Joseph, lieber Joseph mein, hilf mir wiegen mein Kindelein«. Auch das eigentümliche »Susani, susani, susani«, das in jeder Strophe unseres Liedes gesungen wird, stammt aus dem Brauch des Kindelwiegens. Das mittelhochdeutsche »sûse ninne« - »Sauseninne« wird auf das Summen beim Wiegen gedeutet. Sogar Martin Luther spricht von der »susanine« in seinem Lied »Vom Himmel hoch, da komm ich her«.

So ist dieses Lied heute eigentlich nur mehr ein Genrebild einer vergangenen Zeit. Und das mag es auch schon vor hundert Jahren gewesen sein. Der Dichter Manfred Hausmann berichtet, wie er 1912 als Vierzehnjähriger an der Werra bei der Weihnachtsfeier einer Göttinger Wandervogelgruppe auf der Burg Hanstein von diesem Lied angerührt wurde: »Zum ersten Mal vernahm ich die Weihnachtsgeschichte in der großen, männlichen Sprache des Heliand-Dichters. Zum ersten Male ließ die unbegreiflich süße, von Geigen und Blockflöten umjubelte Melodie des ›Susani Susani‹ mein Innerstes erheben.«

Wenn uns dieses Lied heute noch eines anschaulich machen und zu Gehör bringen kann, dann vielleicht dieses: Weihnachten war einst ein - auch gottesdienstlich - buntes, klangvolles und spielerisches Fest, vielleicht, wie Ingeborg Weber-Kellermann schreibt, »heiterer und lebhafter ... als in der Gegenwart«.

23.

Morgen, Kinder, wird's was geben

1. Morgen, Kinder, wird's was geben
morgen werden wir uns freun!
Welch ein Jubel, welch ein Leben
wird in uns'rem Hause sein!
Einmal werden wir noch wach,
heißa, dann ist Weihnachtstag!

2. Wie wird dann die Stube glänzen
von der großen Lichterzahl!
Schöner als bei frohen Tänzen
ein geputzter Kronensaal.
Wisst ihr noch, wie vor'ges Jahr
es am Heil'gen Abend war?

3. Wisst ihr noch, mein Räderpferdchen,
Malchens nette Schäferin,
Jettchens Küche mit dem Herdchen
und dem blank geputzten Zinn?
Heinrichs bunten Harlekin
mit der gelben Violin?

4. Welch ein schöner Tag ist morgen!
Viele Freuden hoffen wir.
Unsre lieben Eltern sorgen
lange, lange schon dafür.
O gewiss, wer sie nicht ehrt,
ist der ganzen Lust nicht wert.

Philipp von Bartsch, 1811

In gegenseitiger Erwartung

Morgen, Kinder, wird's was geben

Heiligabend: Kein Tag im Jahr ist so sehr mit Assoziationen, mit Erwartungen verbunden wie dieser. Zwischen 16 und 22 Uhr am 24. Dezember findet nämlich unter deutschen Dächern das Fest statt, das anderswo erst am 25. gefeiert wird - und dort, wo man einen Heiligen Abend kennt und begeht, ist er möglicherweise aus Deutschland importiert, denn er wurde hier »erfunden«. Allerdings erst relativ spät: Die familiäre Heiligabendfeier wuchs aus dem gemeindlichen Bereich hinein in den privaten. Sie gehörte zunächst zu den Hausandachten, wie sie ab dem 18. und 19. Jahrhundert im evangelischen Bereich aufkamen. Die Hausgemeinschaft wurde als eine Kirche im Kleinen verstanden, der »Hausvater« war gewissermaßen ihr Priester und Prediger. Ihm oblag es nicht nur, das gemeinsame Gebet zu leiten, sondern auch aus der Heiligen Schrift vorzulesen und womöglich auch etwas dazu zu sagen. Am Heiligen Abend wurde das Weihnachtsevangelium gelesen, »Es begab sich aber zu der Zeit ...«. Diese Andachtsform fand auch Einzug in katholische Häuser, allerdings mit anderen Elementen. Hier wurde der Rosenkranz oder der »Engel des Herrn« gebetet. Aber auch das Weihnachtsevangelium, das in der Christmette ja auf Latein gelesen wurde, hatte hier schon seinen Platz. Andere Elemente kamen zu diesem kleinen Gottesdienst hinzu, der Christbaum etwa, dessen Kerzen feierlich entzündet wurden, das Essen und Trinken, die Geschenke. Vor allem Letztere waren natürlich für die Kinder wichtig.

Ingeborg Weber-Kellermann, die sich wiederholt und vertieft mit den Bräuchen und Ritualen des Weihnachtsfestes und des Heiligen Abends beschäftigt hat, wies auf die interessanten kommunikativen Zusammenhänge dieses Heiligabend-Rituals hin: »Im innerfamiliären Bereich, der zwei, höchstens drei Generationen umfasst, stehen sich zwei Gruppen gegenüber: Eltern und Kinder. Die Eltern befinden sich am Heiligabend vor der Bescherung im Weihnachtszimmer – der fertiggeschmückte Baum ist ihnen bekannt –, sie wollen die Kinder überraschen, ihnen Freude bereiten, und erwarten dafür die Erfüllung bestimmter Forderungen und Verhaltensgebote, zum Beispiel Artig-Sein, Weihnachtslieder-Singen, Gedicht-Aufsagen, Dankbar-Sein, Sich-der-Weihnachtsstimmung-Anpassen. Der Vater übernimmt mit dem Anzünden der Kerzen die führende Rolle. Die Kinder befinden sich außerhalb des Weihnachtsraumes, sie sind nicht in Kenntnis des fertig geschmückten Baumes (zumindest die kleineren), sie erwarten den hellen Baum aus Überraschung, wollen Freude erfahren und sind sich der damit verbundenen Gebote bewusst. Sie haben sich dafür in langen Wochen präpariert und wollen von den Eltern an diesem Abend geführt werden.«

Die geschlossene Tür spielt eine wichtige Rolle in diesem Schema von Innen und Außen. Das Glöckchen wird zum Signal, das die Trennung beendet, das Entzünden der Christbaumkerzen und das Öffnen der Tür zum Weihnachtszimmer wird zur Initialhandlung des eigentlichen Heiligabend-Rituals, das mit dem Präsentieren des geschmückten Baumes einen ersten Höhepunkt erfährt.

Verhalten der Kinder

Der geregelte Ablauf des Heiligen Abends ist so eine Art Institution mit geheiligten, kultivierten und tabuierten Verhaltensnormen im Dienste eines patriarchalischen Familienideals. »In strenger Ordnung folgten einander die Programmpunkte: Nach dem Kirchgang entzündet der Vater die Weihnachtskerzen. Ein Glöckchen erklingt, und die Kinder betreten das Weihnachtszimmer, wo sie erfreut und überrascht werden sollen. Weihnachtswünsche und Familienküsse beschwören den Familienfrieden. Hausmusik, Weihnachtspotpourris und Weihnachtsgedichte müssen zuweilen noch vor dem Empfang der Geschenke vorgetragen werden. Und dann kommen die Gaben ...« *(I. Weber-Kellermann)*

Die »Leistung« der Eltern, ihre Kinder zu erfreuen und zu überraschen, verlangt nach einem entsprechenden Verhalten, einer Gegenleistung der Kinder, die sich vor allem in Dankbarkeit ausdrückt, die wiederum wesentlich zur Aufrechterhaltung des Familienfriedens dient. Und diese Dankbarkeit der Kinder äußert sich in konkreten Formen. Etwa in der gebührenden Aufmerksamkeit, mit der man sich erst dem Baum zuzuwenden hat, ehe es an die Geschenke geht. Eine andere Form von Leistung sind musikalische Stücke, die zum Besten gegeben werden (müssen), aber auch die Gedichte der Kinder, von denen bis heute immer wieder zu lesen ist. Möglicherweise sind sie an die Stelle von Gebeten getreten, die in älterer Zeit Kinder häufig zu lernen hatten. Sie mögen aber auch mit in der Vorbereitungszeit auswendig gelernten Bibelversen, den Verheißungssprüchen, zusammenhängen, deren Sinn am Heiligabend erfüllt ist. Vor allem aber sollen die Kinder den Eltern die gebührende Freude und den Dank für die Geschenke auch zeigen. Der Schriftsteller Erich Kästner erinnerte sich an die Probleme, die er damit hatte:

»Die Zimmertür stand offen. Der Christbaum strahlte. Vater und Mutter hatten sich links und rechts vom Tisch postiert, jeder neben seinen Gaben, als sei das Zimmer samt dem Fest halbiert. Zögernd ging ich auf den herrlichen Tisch zu, auf den halbierten Tisch, und mit jedem Schritt wuchsen meine Verantwortung, meine Angst und der Wille, die nächste Viertelstunde zu retten. Doch ich musste meine Rolle spielen, damit das Weihnachtsstück gut ausgehe. Ich stand am Tisch und freute mich im Pendelverkehr. Ich freute mich rechts, zur Freude meiner Mutter. Ich freute mich an der linken Tischhälfte über den Pferdestall im Allgemeinen. Und noch einmal rechts, und noch einmal links, und nirgends zu lange und nirgends zu flüchtig. Ich freute mich ehrlich und musste meine Freude zerlegen und zerlügen.«

»O gewiss, wer sie nicht ehrt ...«

Von dieser Situation der elterlichen Heiligabend-Gestaltung spricht auch das Lied »Morgen, Kinder, wird's was geben«. 1795 begegnet der Text als Gedicht in einem Buch von Carl Friedrich Splittegarb (»Lieder zur Bildung des Herzens«) mit sieben Strophen unter dem Titel »Die Weihnachtsfreude«. Bald schon wird Splittegarbs Text (der auf ein noch älteres Gedicht zurückgeht) vertont. 1811 erscheint es mit Melodie in einer Liedersammlung von Martin Friedrich Philipp Bartsch. Das etwas gekürzte Lied beschreibt die bereits bürgerliche Weihnacht mit einer eigenen, prächtig geschmückten Weihnachtsstube. Eine Heiligabendfeier, in der die Kinder im Mittelpunkt der Festfreude stehen; sie erwarten einen reichen Geschenkesegen und können von daher das Eintreten des Festes kaum erwarten. Ganz offensichtlich findet ihr Gespräch am Tag vor dem Heiligen Abend statt, die

Vorfreude ist schon mit Händen zu greifen: »Einmal werden wir noch wach. Heißa, dann ist Weihnachtstag.«

Vor allem aber kommt in diesem Lied das von Weber-Kellermann beschriebene Rollenschema zum Ausdruck: Die Kinder sind voll der Spannung hinsichtlich der Überraschung, welche Geschenke es wohl gibt. Einstweilen müssen sie sich noch der Erinnerung an den letzten Heiligen Abend und an die Geschenke, die man an ihm erhielt, hingeben. Aber sie wissen genau, dass die Eltern diejenigen sind, die »lange, lange schon« für einen wunderbaren Weihnachtstag sorgen – aber auch, was von ihnen selbst in dem ganzen Geschehen erwartet wird, die Dankbarkeit und Freude, wodurch nicht zuletzt die den Eltern gebührende Ehre ausgedrückt wird: »O gewiss, wer sie nicht ehrt, ist der ganzen Lust nicht wert.« In Splittegarbs Gedicht heißt es in der anschließenden Strophe, die im Lied wegfiel:

»Nein, ihr Schwestern und ihr Brüder,
Laßt uns ihnen dankbar seyn,
Und den guten Eltern wieder
Zärtlichkeit und Liebe weihn,
Und aufs redlichste bemühn,
Alles, was sie kränkt, zu fliehn.«

Der Druck gegenseitiger Erwartungen

Wahrscheinlich entsteht der vielfach erlebte und beklagte »Weihnachts-Stress« an diesem Tag zu einem nicht geringen Teil auch aus der Spannung, die sich aus den gegenseitigen Erwartungen und Ansprüchen in diesem Rollenschema ergeben: Es werden Verhaltensmuster weiter gepflegt, obgleich sich die Situationen im Laufe der Jahre grundlegend ändern. Kinder schlüpfen aus der Rolle, die ihnen von den Eltern oft ein für allemal zugedacht wurde. Und der Familienfrieden, zu dem die Kinder mit ihrem dankbaren Wohlverhalten beitragen, kann durch entsprechendes »Fehlverhalten« empfindlich gestört werden.

Dieser lässt sich freilich auch durch Unterwerfung aufrechterhalten, wenn z.B. die Kinder stillschweigend in ihrer Rolle verbleiben - selbst wenn sie erwachsen geworden sind. An der Grundstimmung, die in diesem Lied beschrieben ist, hat sich in vielen Häusern lange Zeit nichts geändert - nur die Geschenke wurden nicht nur moderner, sondern auch teurer und vor allem mehr. Schließlich fällt an diesem Lied auf, dass vom eigentlichen Grund der Feier kein Wort gesagt wird - und dass der 24. Dezember schon als »Weihnachtstag« gilt ... Auch das ist also nicht Neues.

24.

Stille Nacht

GL 249, EG 46

1. Stille Nacht, heilige Nacht!
Alles schläft, einsam wacht
nur das traute hochheilige Paar.
Holder Knabe im lockigen Haar,
schlaf in himmlischer Ruh,
schlaf in himmlischer Ruh!

2. Stille Nacht, Heilige Nacht!
Hirten erst kundgemacht
durch der Engel Halleluja,
tönt es laut von fern und nah:
Christ, der Retter, ist da!
Christ, der Retter, ist da!

3. Stille Nacht, Heilige Nacht!
Gottes Sohn, o wie lacht
Lieb aus deinem göttlichen Mund,
da uns schlägt die rettende Stund,
Christ, in deiner Geburt!
Christ, in deiner Geburt!

Josef Franz Mohr, [1816] 1838;
Johann Hinrich Wichern, 1844

Als tiefes Schweigen das All umfing

Stille Nacht, heilige Nacht

Was ist nicht alles über dieses Lied schon erzählt und geschrieben worden: Wie es am Abend des 24. Dezembers 1818 entstand und noch in derselben Nacht zur Aufführung gelangte. Wie es seinen Weg aus Tirol in die Welt nahm und zum bekanntesten und beliebtesten Weihnachtslied wurde. Kein anderes Lied drückt so sehr die ganze liebe-leidige Heiligabend-Stimmung der deutschen Weihnacht aus, wurde daher auch so oft parodiert: Schrille Nacht, eilige Nacht ...

Kein anderes Weihnachtslied auch spaltet so sehr Gemeinden, Musiker und Theologen in Befürworter und Kritiker. Man hat versucht, »Stille Nacht« als weihnachtliches Gegenstück zum Lobpreis der Osternacht »Exsultet« hochzustilisieren - was es definitiv nicht ist. Im Gegenzug wurde dem Lied jede wirkliche Tiefe und Aussage zur Weihnachtsbotschaft abgesprochen, was auch nicht richtig ist. Der Streit um das Lied ist alt; schon vor über hundert Jahren prallten die Meinungen für und wider aufeinander - und jedes Jahr neu erhebt sich in mancher Gemeinde die Frage, ob und wo dem Lied ein Platz unter den Gesängen der weihnachtlichen Liturgie eingeräumt werden kann.

Das Problem scheint zu sein, dass »Stille Nacht« so sehr von den ihm angefügten Etikett des Gefühlsduseligen verdeckt ist, dass darunter seine wirkliche Aussage kaum mehr wahrgenommen wird. Die ist nämlich durchaus ganz und gar biblisch und verdient es, erschlossen zu werden - vor allem in der ursprünglichen sechsstrophigen Fassung. Denn auch das trug zum Missverständnis und zum Missfallen eines angeblich nur mehr kitschigen Liedes bei. Man kann auch nicht einen Mantel um die Hälfte kürzen und sich dann beklagen, er sähe wie eine Jacke aus ... Wer sich mit »Stille Nacht« ernsthaft befasst, muss es mit dem ganzen Lied tun.

Entkleidung des Romantischen

Zu einer nüchternen Betrachtung trägt sicher bei, dass man das Lied auch seiner romantischen Entstehungslegende entkleidet. Denn die Geschichte mit der ausgerechnet am Heiligen Abend ausgefallenen Orgel, die den in Oberndorf an der Salzach amtierenden Hilfspriester Joseph Franz Mohr veranlasst haben soll, das von ihm verfasste Gedicht zum Organisten Franz Xaver Gruber zu bringen, damit er diesem eine passende Melodie zur Gitarre gebe, scheint gar nicht zu stimmen. 1995 ist in Salzburg eine bislang nicht gekannte Abschrift des Liedes aus der Hand des Dichters Mohr aufgetaucht, auf der dieser schriftlich festhielt, dass er selbst den Text im Jahr 1816 verfasst habe, also zwei Jahre früher als bisher angenommen. Sechs Strophen hat das Lied auf diesem Blatt. Zweistimmig war das Lied zur Gitarrenbegleitung geschrieben - in der Christnacht 1818 waren es wohl Mohr und Gruber selbst, die es solistisch vortrugen. Ob das jedoch innerhalb der »Christmette«, also der mitternächtlichen Messe, geschah, ist zu bezweifeln - schon allein deshalb, weil Mohr als Priester kaum je die lateinische Messe unterbrochen haben dürfte, um ein Lied zur Gitarrenbegleitung vorzutragen. So etwas kann man heute zwar durchaus erleben, damals war das unmöglich. Vielleicht geschah es also im Anschluss an die Christmette oder davor an der Krippe.

Die These der Entstehung des Liedes zwei Jahre früher und auch nicht in Oberndorf, sondern in Mariapfarr bei Salzburg, stützt auch die Tatsache, dass es in der dortigen Pfarrkirche ein Gnadenbild gibt, auf dem das Jesuskind mit Locken zu sehen ist. Hier war Mohr als Priester 1816 tätig, und vielleicht hat ihn das Bild zur Formulierung des »holder Knab' im lockigten Haar« (so die ursprüngliche Fassung) inspiriert.

Tiefes Schweigen in der Mitte der Nacht

Das Lied beschreibt in allen sechs Strophen die »heilige Nacht«, die geweihte, die »Weyhenacht«, wie diese seit dem Mittelalter auch genannt wird. Doch woher wissen wir eigentlich, dass es Nacht war, als das Kind im Betlehem geboren wurde? »O heilige Nacht«, »Stille Nacht«, Heiligste Nacht!« - in vielen Liedern findet die Menschwerdung Gottes »inmitten der Nacht« statt, wie ein Lied auch heißt. Zunächst einmal berichtet der Evangelist Lukas davon, dass die Hirten Nachtwache hielten, als der Engel ihnen erschien (Lk 2,8). Doch seine Beschreibung dieser Szene ist ganz in der Absicht einer »Proklamation« des neuen Königs verfasst, sie will gar nicht eine konkrete Situation schildern. Die »Nacht« steht sicher auch bei ihm als Chiffre für das Dunkel der Welt, für die Erschöpfung ihrer Geschöpfe, für die Not aller Menschen, damals wie heute. »Als sich die Welt zum Abend wandt, der Bräutgam Christus ward gesandt«, heißt es im Adventslied »Gott, heilger Schöpfer aller Stern«. »Nacht« symbolisiert die Zeit der Sünde, der die Menschen alle seit Adam verfallen sind.

Doch wo die Nacht am tiefsten erscheint, ist die Rettung am nächsten: »Als tiefes Schweigen das All umfing und die Nacht bis zur Mitte gelangt war, da sprang dein allmächtiges Wort vom Himmel, vom königlichen Thron herab mitten in das dem Verderben geweihte Land.« Dieses Zitat aus dem alttestamentlichen Buch der Weisheit (Weish 18,14) wurde schon früh auf die Geburt des »Wortes Gottes«, Jesus Christus, gedeutet. Die Mitte der Nacht – »wohl zu der halben Nacht«, wie es in einem anderen Lied heißt – steht also auch für den Anfang der Erquickung, für beginnende Heilung und Erlösung: In ihr wird Christus als Mensch geboren, um sie zu erhellen und die Menschen dem Licht der Sphäre Gottes zuzuführen. Diese stille, heilige Mitte der Nacht ist die »rettende Stund«, in der uns Heil wird: »Christ, der Retter ist da!«

Abstieg und Aufstieg

Christus war immer schon da, vor seiner Geburt schon existent. Der wie Gott war, hielt aber nicht daran fest, Gott gleich zu sein, sondern entäußerte sich, wurde den Menschen gleich. So umschreibt der älteste Text zur Menschwerdung, der Hymnus aus dem Philipperbrief (Phil 2,6–11), die Herablassung des Gottessohnes. »Stille Nacht! Heilige Nacht! Die der Welt Heil gebracht, aus des Himmels goldenen Höh'n uns der Gnade Fülle läßt seh'n Jesum in Menschengestalt!« übersetzt Mohr dies in sein Lied. Und die goldnen Himmelshöhn meinen hier keinen prachtvollen Ort, sondern eine Seinsweise – wie auch die Ikonenmaler das Göttliche zumeist mit Gold auf ihren Bildern zum Ausdruck bringen.

Aus dieser göttlichen Sphäre kommend wird Jesus uns gleich, wird unser Bruder: »Stille Nacht! Heilige Nacht! Wo sich heut alle Macht väterlicher Liebe ergoß und als Bruder huldvoll umschloß Jesus die Völker der Welt!« Als seine Brüder und Schwestern sind wir Miterben und sollen zur Sphäre des göttlichen Lebens gelangen, zu der Christus wieder erhöht wurde. Das bedeutet weit mehr als nur Rettung und Schonung, wie es im Lied heißt: »Stille Nacht! Heilige Nacht! Lange schon uns bedacht, als der Herr vom Grimme befreyt in der Väter urgrauer

Zeit aller Welt Schonung verhieß!« Es zeigt uns die Fülle der Gnade, zu der wir berufen sind.

So enthält das Lied durchaus eine Theologie, die den ältesten Aspekten der Geburt Christi entspricht. Freilich sind manche Aussagen wie »der Herr vom Grimme befreyt, in der Väter urgrauer Zeit« in ihrer Formulierung sehr zeitbedingt, von daher nur schwer zu singen und zu vermitteln. So ist es zwar bedauerlich, aber doch nachvollziehbar, dass das Lied meist nur in drei Strophen gesungen wird.

Wie kaum ein anderes Lied gehört es stimmungsmäßig in die Heilige Nacht - bei Tag und Licht gesungen, wirkt es irgendwie deplatziert, wie ein Gefühlsausdruck, der später noch einmal gelesen, schal erscheint. So hat es - vielleicht wie beim ersten Mal - wohl tatsächlich seinen besten Platz am Ende des nächtlichen Gottesdienstes, weil es mit dem Blick auf die Krippe nochmals das zusammenfasst, worum es in dieser Nacht geht.

»Tönt es laut bey Ferne und Nah«

Über Handelsstraßen, die damaligen Wege der Kommunikation, gelangte »Stille Nacht« aus dem Salzburgischen hinaus und verbreitete sich schon alsbald nach seiner Entstehung. Anfang der 1830er-Jahre wurde es in Leipzig zur Zeit der Neujahrs-Messe von den Geschwistern Strasser, die aus dem Zillertal stammten und als Handschuhmacher die Messe besuchten, mehrfach aufgeführt - bereits in einer dreistrophigen verkürzten Fassung. Bald darauf erschien es gedruckt und als »ächtes Tyrolerlied« präsentiert. Der Tiroler Volksaufstand gegen die napoleonische Besatzung wenige Jahrzehnte zuvor hatte in Europa zu großen Sympathien für das Tirolische geführt, vielleicht trug auch diese Welle der Anteilnahme das Lied mit in andere Länder hinaus.

1844 nahm es Johann Hinrich Wichern, der Begründer des »Rauhen Hauses« im Hamburg, in ein vielfach aufgelegtes Liederbüchlein auf, wodurch das Lied, das Wichern textlich leicht verändert hatte, auch bei den evangelischen Christen bekannt und beliebt wurde. Die Gunst des Preußenkönigs Wilhelm I. erleichterte seine Aufnahme in evangelische Liederbücher, ja sogar in die Militärgesangbücher. In der Heiligen Nacht 1914 wurde es von deutschen und englischen Soldaten in ihren Schützengräben gleichzeitig in ihren jeweiligen Sprachen gesungen – ein kleiner Friede im großen Krieg.

Längst hatte sich das Lied seinen Weg in die Welt gebahnt. Dabei gerieten mitunter die beiden Autoren des Liedes in Vergessenheit: In Amerika war das Lied im späten 19. Jahrhundert als »Choral of Salzburg« bekannt und in Norwegen hatte sich der Eindruck eines evangelischen Volksliedes festgesetzt. Die Angaben der Zahl seiner Übersetzungen schwankt – über 40 sind es jedenfalls –, ist wohl auch nicht genau zu ermitteln. Dass es das meistübersetzte und -gesungene, -gespielte und -gehörte Weihnachtslied ist, dürfte unbestritten sein – und so trägt es auch die Botschaft der Heiligen Nacht zu »Ferne und Nah« und überallhin.

25.

O du fröhliche

GL 238, EG 44

1. O du fröhliche, o du selige
gnadenbringende Weihnachtszeit.
Welt ging verloren,
Christ ward geboren.
Freue, freue dich, o Christenheit.

2. O du fröhliche, o du selige
gnadenbringende Weihnachtszeit.
Christ ist erschienen,
uns zu versühnen.
Freue, freue dich, o Christenheit.

3. O du fröhliche, o du selige
gnadenbringende Weihnachtszeit.
Himmlische Heere jauchzen dir Ehre.
Freue, freue dich, o Christenheit.

1. Str.: Johannes Daniel Falk, [1816] 1819;
2. u. 3. Str.: Heinrich Holzschuher (1829)

Mit Ernst glauben, um froh zu sein

O du fröhliche

Von Johann Hinrich Wichern, dem Begründer des »Rauhen Hauses« in Hamburg, einer sozialen Einrichtung für verwahrloste Jugendliche, stammt eine kleine Erzählung mit dem schlichten Titel »August Hobelmann«, in welcher er die weihnachtliche Bescherung von Armen durch einen Gutsherrn schildert:

> »Darauf kam am ersten Weihnachtstage alles auf der großen Landdiele des Schulhauses zusammen, die Dorfkinder, die Eltern und auch die Gutsherrschaft, soviel das Haus nur fassen konnte. Der Kronleuchter prangte mit seinen Adventslichtern, unter demselben waren Bänke für die Armen aufgestellt. Einige Dorfbewohner holten dieselben regelmäßig auf ihren Wagen herbei, und wenn sie dann endlich angelangt waren und die Armen abgestiegen und eintraten, fing das ganze Haus mit Singen an. Vor allem hörte man wieder das schöne Lied: ›O du fröhliche, o du selige‹. Wenn nun alles wieder ruhig geworden und die Armen sich bequem gesetzt hatten, dann stellte sich der Prediger, der aus der Stadt mitgekommen war, mitten unter sie. Zuerst las er aus dem Evangelium Lukas, Kap. 1 u. 2, worin so herrliche Weihnachtsgeschichten stehen, und danach sprach er mit den Armen als wenn er selbst ein Armer wäre. Nach diesem Weihnachtsgespräch fing das ganze Haus wieder mit Singen an, und währenddessen brachten der Schullehrer und seine Frau die glücklichen Dorfkinder herzu, die für jeden Armen auf einem Weihnachtstisch mit einem Weihnachtsbaum einfache Geschenke aufschmückten, Brot, Kleidungsstücke, kleine Bücher, Bilder und so etwas. Ein

Tisch wurde gedeckt, und alle setzten sich um denselben und aßen und tranken und waren fröhlich.«

Es kommt nicht von ungefähr, dass Wichern in dieser kleinen Szene das Lied »O du fröhliche« anstimmen lässt. Sicher, es war schon zu seiner Zeit, in der Mitte des 19. Jahrhunderts, ein populäres Weihnachtslied, mehr aber noch mag ihn der Gedanke bewogen haben, dass es aus einer Einrichtung stammte, die dem Rauhen Haus in Hamburg sehr ähnlich war, ja gewissermaßen ein Vorläufer und Vorbild dieser Anstalt: der »Lutherhof« in Weimar.

Der Lutherhof in Weimar

Der Begründer dieses »Lutherhofes« war Johannes Daniel Falk, ein evangelischer Theologe und Publizist, der sich während der französischen Besatzung Weimars, vor allem aber nach der Völkerschlacht bei Leipzig (1813), politisch und sozial sehr engagierte. Für die im Zuge der Kriegswirren zahlreich herumstreunenden verwaisten und verwahrlosten Kinder und Jugendlichen gründete er eine »Gesellschaft der Freunde in der Not«, mit deren Hilfe er ein verfallenes Gebäude erwarb und wieder herrichteten ließ, um daraus ein Heim zu machen. Weil in diesem Haus einst ein Freund Martin Luthers gewohnt hatte und man daher annahm, dass auch der Reformator selbst hier abstieg, wenn er in Weimar weilte, nannte Falk das Gebäude »Lutherhof«. Hier erhielten seine Schützlinge nicht nur eine Heimat, sondern auch Unterricht und die Möglichkeit einer beruflichen Ausbildung. Die religiöse Prägung dieses »Lutherhofes« war für Falk selbstverständlich.

Vom Allerdreifeiertagslied zum Weihnachtslied

Im Jahr 1816, so wird gesagt, habe Falk einen Text auf die Melodie eines Marienliedes (»O sanctissima«) gedichtet, das ihm ein italienisches Findelkind vorgesungen hatte. Möglicherweise kannte er dieses Lied sizilianischer Fischer auch aus den Veröffentlichungen Johann Gottfried Herders. Wie auch immer er zu dieser Melodie kam, er verfasste jedenfalls drei Strophen, in denen er die Bedeutung der drei großen Feste der Christenheit jeweils in einem Satz beschrieb: die gnadenbringende Weihnachts-, Oster- und Pfingstzeit – das »Allerdreifeiertagslied«, wie es genannt wurde:

O du fröhliche, o du selige gnadenbringende Weihnachtszeit.
Welt ging verloren, Christ ward geboren.
Freue, freue dich, o Christenheit.

O du fröhliche, o du selige gnadenbringende Osterzeit.
Welt liegt in Banden, Christ ist erstanden.
Freue, freue dich, o Christenheit.

O du fröhliche, o du selige gnadenbringende Pfingstenzeit.
Christ, unser Meister, heiligt die Geister.
Freue, freue dich, o Christenheit.

Kurz und einfach sind die Aussagen gehalten, nicht für die hohe Liturgie gedacht, vielmehr memorierbar auch für die »zusammengewürfelte Gruppe, die erst durch die Tat der Liebe vereint wurde« (Martin Rößler). Erst einige Jahre später, 1827, wurde daraus ein reines Weihnachtslied, als nämlich Falks Mitarbeiter, Heinrich Holzschuher, ein Weihnachtsspiel schrieb, worin er die erste Strophe dieses Liedes verwendete, dem er zwei neue Strophen gab. Die Bedeutung der Geburt Christi wird in ebenso knappen Aussagen gehalten, wie es dem ursprünglichen Allerdreifeiertagslied entspricht: Christus versöhnt die Welt mit dem Vater, weswegen ihm auch die Engel im Himmel ihr Lob singen. Der neutestamentliche Hymnus aus dem Kolosserbrief (Kol 1,12-20) wird in seinen Aussagen als Hintergrund deutlich, aber trotzdem blieb es auch in der neuen Fassung ein kleines geistliches Volkslied.

»Gott hat unser Herz und Mut fröhlich gemacht«

Dieses Lied also lässt Johann Hinrich Wichern in der eingangs zitierten Erzählung die Feiernden bei der Weihnachtsbescherung singen, und er schließt die Szene damit ab, dass alle fröhlich aßen und tranken. –

Der Wunsch nach »fröhlichen Weihnachten« kommt uns heute selbstverständlich über die Lippen. Doch wenn wir überhaupt etwas damit verbinden, so doch wohl eher den Ausdruck und Eindruck des Festes und seiner Gestaltung. Sie ist ja auch in vielen Ländern eine fröhliche und heitere, die sich nach zunehmender Überwindung der mit diesem Tag (und mehr noch der Nacht) verbundenen deutschen Innerlichkeit vergangener Zeiten auch bei uns ausbreitet. Aber das ist mit der Fröhlichkeit, zu der in diesem Lied aufgefordert wird, gar nicht gemeint. Falk denkt vielmehr an die Wirkung der froh machenden Botschaft des Evangeliums, die auch Martin Luther immer wieder anklingen ließ. In seinem Lied »Vom Himmel kam der Engel Schar« aus dem Jahr 1542 drückte dieser die Bedeutung der Geburt Christi ganz drastisch aus:

»Des solllt ihr billig fröhlich sein, dass Gott ist worden mit euch ein'. Er ist geborn, eu'r Fleisch und Blut, eu'r Bruder ist das ewig Gut.

Was kann euch tun die Sünd und Tod, ihr habt mit euch den wahren Gott. Lasst zürnen Teufel und die Höll, Gott's Sohn ist worden eu'r Gesell.«

Es ist die österliche Botschaft von der Überwindung des Todes, die mit der Geburt Christi anhebt, die den Menschen fröhlich machen kann und soll. In der Zuversicht auf den Gott-mit-uns, der uns zu Gottes Geschlecht macht, kann uns nichts mehr anfechten. Und mehr noch: Wir sollen es weitergeben, wie Luther in der Vorrede zu einer Ausgabe seiner Lieder von 1545 schreibt: »Gott hat unser Herz und Mut fröhlich gemacht durch seinen lieben Sohn, welchen er für uns gegeben hat zur Erlösung von Sünden, Tod und Teufel. Wer solches mit Ernst glaubt, der kann's nicht lassen, er muss fröhlich und mit Lust davon singen, dass es andere auch hören und herzukommen.«

Fröhliche Botschaft – froher Glaube

Vielleicht muss man tatsächlich mit Ernst glauben, um froh zu sein. Dieser scheinbare Widerspruch kommt auch in Falks Leben zum Aufschein. Im Jahr 1813 hatten er und seine Frau durch eine in Weimar grassierende Typhusseuche innerhalb weniger Monate vier ihrer sieben Kinder verloren. Einige Jahre später nur starben auch der 19-jährige Sohn und die 15-jährige Tochter. In diesem furchtbaren Erleben gleicht Falk dem großen lutherischen Dichter Paul Gerhardt, dem ebenfalls im Leben kein Elend fremd geblieben ist, und der die meisten seiner Kinder vorzeitig sterben sah. Und trotzdem schlug auch Gerhardt einen frohen Ton in seinen Weihnachtsliedern an: »Fröhlich soll mein Herze springen«, schrieb er 1653. Und wohl auch auf sich und seine Lebenserfahrungen bezogen: »Die ihr schwebt in großen Leide, sehet, hier ist die Tür zu der großen Freude.« Es ist eine Freude, die ihren Grund nicht in äußerlichen Ereignissen hat, sondern in der inneren Gewissheit, dass Christus geboren wurde, und uns »aus dem Leid in Himmels Freud« heben kann und will, wie es in einem anderen von Gerhardts Liedern heißt (»Kommt und lasst uns Christum ehren«). Die Welt, die in so vielfacher Weise in den Tod verloren ist, darf, ja muss in Christi Geburt fröhlich sein: Freue, freue dich, o Christenheit!

Nachwort

»Feliz Navidad« heißt ein in der Weihnachtszeit häufig gespieltes Lied von Jose Feliciano. Es ist der spanische Weihnachtsgruß, dem der Wunsch angefügt wird: »próspero año y felicidad« - ein blühendes und glückliches Jahr. »We wish you a merry christmas«, sagen und singen die Engländer, und fügen hinzu: »...and a happy new year!« - Ähnliches tun wir ja auch: Wir wünschen Frohe, Fröhliche oder auch Gesegnete Weihnachten und vergessen nicht noch anzuschließen: »Und ein gutes Neues Jahr!« Wieso tun wir das?

Während in unserer Zeit das Kirchenjahr mit dem ersten Advent und das bürgerliche Jahr mit dem ersten Januar beginnt, waren bis ins Mittelalter bürgerliches und kirchliches Jahr eins. Es gab aber unterschiedliche Daten für den Jahresanfang. Mancherorts begann das Jahr am 25. März, dem Fest der Verkündigung des Herrn, mancherorts an Ostern. Das ist allerdings ein ungünstiger Jahresbeginn, denn er fällt ja jedes Jahr anders, mal früher, mal später. Unter anderem erschien auch das Datum der Geburt Jesu am 25. Dezember als solch glücklicher Anlass, das Jahr damit beginnen zu lassen. Schließlich zählen wir ja die Jahre »Anno Domini« - »im Jahr des Herrn« oder auch »nach Christi Geburt« - und so war in manchen Gegenden das Weihnachtsfest tatsächlich zugleich Neujahr. In Martin Luthers Lied »Vom Himmel hoch, da komm ich her« heißt es in der letzten Strophe:

»Lob, Ehr sei Gott im höchsten Thron, der uns schenkt seinen ein'gen Sohn. Des freuet sich der Engel Schar und singet uns solch neues Jahr.«

Ein guter Beschluss

Bis heute erinnern die Glückwunschkarten daran, die wir im Dezember verschicken und auf denen wir nicht nur »Frohe Weihnachten«, sondern auch ein »glückliches neues Jahr« wünschen. Und das hat nicht nur mit der Ersparnis eines Arbeitsganges zu tun. Manche machen es sich übrigens ganz einfach und sagen: »Die üblichen jahreszeitlichen Wünsche« ...

Zu denen zählt ja auch der »gute Rutsch«, den sich viele Menschen am Jahresende wünschen. Der scheint sich zunächst auf ein gelungenes Hinübergleiten in das neue Jahr zu beziehen, mehr oder weniger humorvoll auf die winterlichen Bodenverhältnisse bezogen, wobei besondere Spaßvögel auch noch auf einen etwaigen alkoholisierten Zustand anspielen ... Wahrscheinlich aber entstammt dieser Wunsch der Bezeichnung für das jüdische Neujahrsfest »Rosch-ha-Schaná«, was soviel heißt wie: Kopf des Jahres. Der Wunsch eines »guten Rosch-ha-Schaná«, zu einem guten Jahresbeginn – der allerdings bei den Juden im September liegt –, hat wohl zur Formulierung des »guten Rutsches« geführt. In Würzburg schaut man an Silvester übrigens noch nicht auf das neue Jahr voraus. Dort ist man froh, wenn man das alte gut zu Ende bringt, und wünscht einen »guten Beschluss«. Mit ihm sei auch dieses Buch beendet.

Literaturnachweis

1. Macht hoch die Tür

Proklos von Konstantinopel (um 390-446/447), Gepriesen sei, der da kommt, zit. nach: Frühchristliche Reden zur Osterzeit. Ausgewählt, übersetzt und eingeleitet von Joseph A. Fischer, Düsseldorf 1967, 66-71.

2. Wachet auf

Philipp Nicloai, aus: Frewden Spiegel deß ewigen Lebens, Frankfurt a.M. 1599, Vorrede.

3. Es kommt ein Schiff

Christa Reich, Es kommt ein Schiff, geladen, in: Liederkunde zum Evangelischen Gesangbuch, Heft 5, Göttingen 2002, 10-16; 12.

Johann Sebastian Bach, Ich will den Kreuzstab gerne tragen, Rezitativ (BWV 56).

4. Alle Knospen springen auf

Christa Reich, Das Kirchenlied, in: Handbuch der Liturgik, hg. von Hans-Christoph Schmidt-Lauber, Michael Meyer-Blanck und Karl-Heinrich Bieritz, Göttingen 3. Aufl. 2003, 763-777; 764.

6. Goldglanz gießt du aus

Gertrude und Thomas Sartory, Der heilige Nikolaus - Die Wahrheit der Legende, Freiburg i. Br. 1981, 98.

Wolfgang Mezger, Sankt Nikolaus zwischen Kult und Klamauk. Zur Entstehung, Entwicklung und Veränderung der Brauchformen um einen populären Heiligen, Ostfildern 1993, 10.

7. Gott, heilger Schöpfer

Wilhelm Josef Schlierf, Adventus Domini. Geschichte und Theologie des Advents in Liturgie und Brauchtum der westlichen Kirche, Bonn 1988, 55.

8. Tauet, Himmel

Stefan George, Der kindliche Kalender, in: ders., Tage und Taten. Aufzeichnungen und Skizzen, Berlin 1903, 17.
Rupert Mayer, zit. nach Josef Sudbrack, »Die Ruhe eines mit Gott verbundenen Menschen.« Woraus Pater Rupert Mayer lebte, in: Geist und Leben 60 (1987), 163-172.
Hanns Koren, Volksbrauch im Kirchenjahr. Ein Handbuch, Salzburg 1934, 35.
Paul Löcher, Wie's einstens war zur Weihnachtzeit. Ein Buch der Erinnerungen, Ostfildern 1979, 45.

9. Als ich bei meinen Schafen

Martin Rößler, »In dulci jubilo«. Hintergrund - Erscheinungsform - Nachwirkung, in: »Trahe me post te«. Jesusliebe zwischen Himmelssehnsucht und Nachfolge (Arbeitsstelle Gottesdienst 40/2001), 21-47; 29.
Hermann Kurzke, Kirchenlied und Kultur, Tübingen 2010, 46.

10. Mit Ernst, o Menschenkinder

Gerhard Hotze, Ein Gast in der Welt hie ward. Jesus als Gast und als Gastgeber, in: Guido Fuchs (Hg.), Gastlichkeit. Ihre Theologie, Spiritualität und Praxis im Gottesdienst (Reihe: Liturgie & Alltag), Regensburg 2012, 16-25.

12. Lobt Gott, ihr Christen

Martin Herz, Sacrum commercium. Eine begriffgeschichtliche Studie zur Theologie der Römischen Liturgiesprache, München 1958, 82.

13. Weil Gott in tiefster Nacht erschienen

Die Legenda aurea des Jacobus de Voragine. Aus dem Lateinischen übersetzt von Richard Benz, Darmstadt 1997, 35.
Joachim Stalmann, Weil Gott in tiefster Nacht erschienen, in: Liederkunde zum Evangelischen Gesangbuch, Heft 1, Göttingen 2000, 72-76.

14. Brüder, ruft in Freude

Brüder, ruft in Freude. Jazzmesse, Schwann AMS Studio, Düsseldorf 1965.

16. Die Nacht ist vorgedrungen

Christoph Ransmayr, Die Schrecken des Eises und der Finsternis, Frankfurt a. M. 1987, 139.
Jochen Klepper, Unter dem Schatten deiner Flügel. Aus den Tagebüchern der Jahre 1932-1942, Stuttgart 1956.

18. Stern über Betlehem

Aurelius Prudentius, Ihr alle, die ihr Christus sucht, in: Stundenbuch. Die Feier des Stundengebetes für die katholischen Bistümer des deutschen Sprachgebietes, Bd. 1, Advent und Weihnachtszeit, Freiburg i. Br. u. a. 1978. Der vollständige lateinische Text mit Übersetzung ist im Internet zu finden: http://www.institut-philipp-neri.de/rundbrief/ispn_08_prudentius.pdf
Friedrich Torberg, Die Tante Jolesch oder Der Untergang des Abendlandes in Anekdoten, München 1982, 29.

19. O Heiland, reiß die Himmel auf

Günter Grass, Das Treffen in Telgte. Eine Erzählung, München 1997, 28.
Friedrich von Spee, Güldenes Tugentbuch. Auswahl, Bearbeitung und Einführung von Anton Arens, Coelln 1666, 427f.

20. Jauchzet, ihr Himmel

Adrian Kunert, Die im Lehmhaus wohnen. Wallfahrt seiner Seele, 2014.
Guido Fuchs, O selige Nacht - Ein weihnachtliches Exsultet, Regensburg 2001.
Erich Fried, Es ist was es ist. Liebesgedichte, Angstgedichte, Zorngedichte, Berlin 1983.

22. Vom Himmel hoch, o Engel, kommt

Ingeborg Weber-Kellermann, Das Buch der Weihnachtslieder. Mainz 1982, 47.
Peter Rosegger, Waldheimat, Erzählungen aus der Jugendzeit, Leipzig 1889, 141.
Manfred Hausmann, Tröstliche Zeichen, Frankfurt a.M. 1959, 10f.

23. Morgen, Kinder

Ingeborg Weber-Kellermann, Das Weihnachtsfest. Eine Kultur- und Sozialgeschichte der Weihnachtszeit, Luzern und Frankfurt a.M. 1978, 122.125.
Erich Kästner, Als ich ein keiner Junge war, Wien 1957, 111f.

25. O du fröhliche

Johann Hinrich Wichern, August Hobelmann. Eine Erzählung für die Kinder des Rauhen Hauses (1849), in: ders., Sämtliche Werke 7, 551-560; 557f.
Martin Rößler, Da Christus geboren war ... Texte, Typen und Themen des deutschen Weihnachtsliedes, Stuttgart 1981, 249.

Weitere verwendete Literatur (in Auswahl)

Guido Fuchs, Heiligabend. Riten - Räume - Requisiten (Reihe: Liturgie & Alltag), Regensburg 2002.

Guido Fuchs, Unsere Weihnachtslieder und ihre Geschichte, Freiburg im Breisgau 2009.

Karl Hauschildt, Die Christusverkündigung im Weihnachtslied unserer Kirche. Eine theologische Studie zur Liedverkündigung, Berlin 1952.

Liederkunde zum Evangelischen Gesangbuch (Handbuch zum Evangelischen Gesangbuch Bd. 3), im Auftrag der EKD gemeinschaftlich mit Hans-Christian Drömann, Christian Finke, Johannes Heinrich, Helmut Kornemann, Martin Rößler und Joachim Stalmann hrsg. von Gerhard Hahn und Jürgen Henkys, Göttingen 2000ff. (Einzelhefte)

Theodor Maas-Ewerd, »Schon leuchtet deine Krippe auf.« Die Feier der Geburt Jesu Christi und der weihnachtliche Festkreis in Liturgie und Brauchtum, St. Ottilien 2000.

Martin Rößler, Da Christus geboren war ... Texte, Typen und Themen des deutschen Weihnachtsliedes, Stuttgart 1981.

Ingeborg Weber-Kellermann, Das Buch der Weihnachtslieder, Mainz 1982.

Ingeborg Weber-Kellermann, Das Weihnachtsfest. Eine Kultur- und Sozialgeschichte der Weihnachtszeit, München - Luzern 1978.

Werkbuch zum Gotteslob. Herausgegeben im Auftrag der Kommission für das Einheitsgesangbuch von Josef Seuffert unter Mitwirkung von Rupert Berger, Günter Duffrer und Erhard Quack, Band I (Advent/Weihnachten), Freiburg im Breisgau 1975.

Liederregister

Quellenverzeichnis der Liedertexte

Bildnachweis

Seite 10: Joseph Sutter, »König David zieht mit der Bundeslade in Jerusalem ein«, erste Hälfte des 19. Jahrhunderts

Seite 19: Friedrich Wilhelm Schadow, Bildausschnitt aus: »Die klugen und die törichten Jungfrauen«, 1838-1842

Seite 28: »Christus als Steuermann«, Weihnachts- oder Neujahrsblatt, 1450-1465

Seite 35: »Heilige Barbara«, Stundenbuch der Maria von Burgund, 1857

Seite 42: Maria mit Christus, Ikone vom Typ »Platytera« (»Die weiter ist als die Himmel«), 12. Jahrhundert

Seite 50: »Heiliger Nikolaus«, russische Ikone, 13. Jahrhundert

Seite 58: Darstellung Christi als Geometer, Miniatur aus einer französischen Bible moralisée, 13. Jahrhundert

Seite 65: Initiale R des Hymnus »Rorate coeli«, Konstanzer Buchmalerei, ca. 1300

Seite 75: Domenico Ghirlandaio, »Anbetung der Hirten«, 1485

Seite 82: Dieric Bouts, Flügelaltar »Die Perle von Brabant,« 1467-1468, linker und mittlerer Flügel

Seite 91: Pieter Brueghel der Ältere, »Volkszählung zu Bethlehem«, 1566

Seite 98: Gerrit van Honthorst, »Anbetung der Hirten«, 1622

Seite 106: Vincent van Gogh, »Sternennacht«, 1889

Seite 114: Pieter Brueghel der Ältere, »Winterlandschaft mit Eisläufern und Vogelfalle«, 1565

Seite 120: »Wurzel Jesse«, Elfenbeinschnitzerei, ca. 1200

Seite 128: Caspar David Friedrich, »Das Eismeer«, 1823-1824

Seite 136: Meister der Braunschweig-Magdeburger Schule, »Verkündigungsszene«, 1275

Seite 145: Giotto di Bondone, »Anbetung der drei Könige«, Beginn des 14. Jahrhunderts

Seite 154: Caspar David Friedrich, »Morgennebel im Gebirge«, 1808

Seite 162: »Engel mit dem Christuskind«, Ulm, Mitte 15. Jahrhundert

Seite 170: »Weihnachtsbäckerei«, Farbholzschnitt, 1890

Seite 180: Tilman Riemenschneider (Werkstatt), »Singende und musizierende Engel«, um 1505

Seite 190: Ferdinand Georg Waldmüller, »Weihnachtsmorgen«, 1844

Seite 199: Caspar David Friedrich, »Winterlandschaft mit Kirche«, 1811

Seite 206: Gaudenzio Ferrari, »Musizierende Engel«, 1530-1540